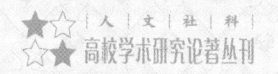

信息化时代大学英语自主学习能力的培养研究

施黎辉　付国伟　著

中国书籍出版社

图书在版编目（CIP）数据

信息化时代大学英语自主学习能力的培养研究 / 施黎辉, 付国伟著. -- 北京：中国书籍出版社, 2022.4
ISBN 978-7-5068-8972-8

Ⅰ.①信… Ⅱ.①施…②付… Ⅲ.①大学生–英语–学习能力–能力培养–研究 Ⅳ.① H319.3

中国版本图书馆 CIP 数据核字（2022）第 054923 号

信息化时代大学英语自主学习能力的培养研究

施黎辉 付国伟 著

丛书策划	谭 鹏 武 斌
责任编辑	盛 洁
责任印制	孙马飞 马 芝
封面设计	东方美迪
出版发行	中国书籍出版社
地　　址	北京市丰台区三路居路 97 号（邮编：100073）
电　　话	（010）52257143（总编室）　（010）52257140（发行部）
电子邮箱	eo@chinabp.com.cn
经　　销	全国新华书店
印　　厂	三河市德贤弘印务有限公司
开　　本	710 毫米 ×1000 毫米　1/16
字　　数	210 千字
印　　张	12.5
版　　次	2023 年 1 月第 1 版
印　　次	2023 年 1 月第 1 次印刷
书　　号	ISBN 978-7-5068-8972-8
定　　价	72.00 元

版权所有　翻印必究

目 录

第一章　信息技术与大学英语教学 …………………………………… 1
第一节　信息技术与大学英语教学融合的优势 ……………………… 1
第二节　信息化时代大学英语教学的特点与原则 …………………… 8

第二章　大学英语自主学习研究 ……………………………………… 12
第一节　自主学习相关内涵解析 ……………………………………… 12
第二节　提倡大学英语自主学习的原因及意义 ……………………… 27

第三章　信息化时代大学英语自主学习能力培养的理念 …………… 30
第一节　坚持对学生的价值引领 ……………………………………… 30
第二节　贯彻以学生为中心的教学理念 ……………………………… 35
第三节　重视学生的学习风格与动机 ………………………………… 40
第四节　培养学生应用学习策略的能力 ……………………………… 51

第四章　信息化时代大学英语自主学习能力培养的模式 …………… 58
第一节　制订合理的教学目标，设计科学的学习任务 ……………… 58
第二节　开展个性化教学，重视学生个体的差异 …………………… 62
第三节　建立虚拟学习共同体，优化网络教学模式 ………………… 69

第五章　信息化时代大学英语词汇与语法自主学习能力的培养 …… 79
第一节　信息化时代大学英语词汇学习能力的培养 ………………… 79
第二节　信息化时代大学英语语法学习能力的培养 ………………… 85

第六章　信息化时代大学英语听说自主学习能力的培养 …………… 92
第一节　信息化时代大学英语听力学习能力的培养 ………………… 92
第二节　信息化时代大学英语口语学习能力的培养 ………… 102

第七章　信息化时代大学英语读写自主学习能力的培养……… 109
　　第一节　信息化时代大学英语阅读学习能力的培养………… 109
　　第二节　信息化时代大学英语写作学习能力的培养………… 118

第八章　信息化时代大学英语翻译与文化自主学习能力的培养 124
　　第一节　信息化时代大学英语翻译学习能力的培养………… 124
　　第二节　信息化时代大学英语文化学习能力的培养………… 130

第九章　信息化时代大学英语自主学习能力培养与教师研究…… 141
　　第一节　大学英语教师的信息化素质要求………………… 141
　　第二节　信息化时代大学英语自主学习能力培养中
　　　　　　教师的角色调整………………………………… 146
　　第三节　信息化时代大学英语自主学习能力培养中
　　　　　　教师的专业发展………………………………… 150

第十章　信息化时代大学英语自主学习能力培养与评价研究…… 158
　　第一节　大学英语教学评价的相关内容…………………… 158
　　第二节　信息化时代大学英语教学评价的多元化体系……… 164
　　第三节　信息化时代大学英语自主学习能力评价的机制…… 180

参考文献……………………………………………………… 187

第一章　信息技术与大学英语教学

信息技术的普及将人们带入了信息技术时代,在该技术的影响下,人们的生活发生了翻天覆地的变化。信息技术不仅影响人们的日常生活,而且对教育也带来了深刻的影响。在信息技术的渗透下,大学英语教学的变革加快了进程,并取得了令人欣喜的成效。本章主要研究信息技术与大学英语教学的相关内容。

第一节　信息技术与大学英语教学融合的优势

一、信息技术

（一）信息技术的内涵

当今社会已进入信息化高速发展的社会,信息和知识已成为推动社会发展的两大动力,现代信息技术已经渗透至人们生活的方方面面。

就信息技术的概念而言,目前人们多从广义和狭义两个方面来理解和解释。

广义上的信息技术是指用于管理和处理信息所采用的各种技术的总称。它包含一切通信、计算机和智能以及控制技术等。

狭义上的信息技术更能体现信息技术的功能和特点,其涉及以下四个方面。

（1）信息技术也称为"信息和通信技术"（Information and Communications Technology,ICT）。它主要是应用计算机科学和通信技术来设计、开发、安装和实施信息系统及应用的软件,主要包括传感技术、计算机技术和通信技术。

（2）信息技术也称为"3C"技术，即计算机技术（Computer）、通信技术（Communication）与控制技术（Control）的结合。

（3）信息技术是指利用电子计算机技术和现代通信系统获取、传递、处理、显示、分配所有形式信息的技术，也就是通常所说的"C&C"（Computer and Communication）。

（4）信息技术是指应用管理技术，并在技术的、科学的、工程的原则下实现信息的控制、处理和交流，以及人与计算机的互动。

综合上述内容可以看出，信息技术的核心是电子计算机技术，并在其他通信技术、多媒体技术及工具的共同作用下，实现信息的获取、处理、传递、储存、输入、检索、再生、转换和交流等。

（二）信息技术的特征

近年来，随着网络技术的发展，以计算机为核心的信息通信技术（Information and Communications Technology，ICT）逐渐应用到社会生活的各个领域。这一技术的发展和成熟是信息社会发展的必然趋势，也是满足行业间融合的必要选择。现代通信技术有数字化、容量大，并与网络系统和计算机技术相结合的特点。[1]

21世纪，通信技术必然会向着更加智能化、宽带化、个人化、综合化的方向发展。综合来看，信息技术的本质特征突出体现在如下几个方面。

1. 智商的结晶体

信息技术依托大量的知识背景，通过高技术前沿的研究，将知识与智力通过密集型状态呈现出来。信息技术的物化体现就是消息产品。大批科技尖端人才和高素质人才群体展开对信息产品的研究与开发，他们在这一过程中形成了竞争与合作的关系。通过这些人的努力，信息技术得以不断进步与更新，新的信息产品不断出现，并且出现的周期越来越短。

目前，科技领域的各个层面都与信息技术的发展与应用密切相关，

---

[1] 郑荣川.信息技术课程教学模式的创新探究[J].成才之路,2021(35):107-109.

如生命科学、新能源、航天航空、自动化等。其他科学研究往往通过信息技术获取现代化的研究手段,促进自身的快速发展。随着网络、通信技术的发展与普及,信息技术在整个社会的覆盖范围大大超过了其他科技成果。

由此可以看出,信息技术已然成为当前科技发展的核心,其水平突出反映了人们认识与改造世界的能力,不仅代表着先进生产力,而且在一定程度上决定着劳动生产率的水平。除了高素质人才群体专注于信息技术的开发与研究之外,其他领域中的研究也在不断为信息技术的发展提出新的途径。在信息技术发展领域中,高智商人才的大量聚集,必然促进信息技术的飞速发展,从而将人类带入新的社会历史阶段。

2. 短周期效应

信息技术的周期效应很短。具体而言,信息技术的发展水平越高,信息产品更新换代的周期就越短。在开发信息产品的初期阶段,科技人员通过现代网络以及通信技术获取自己所需要的信息,在融入自身创造力的同时加快了产品开发的进度,大大提高了产品的质量。在信息产品的批量生产阶段,信息技术同样为人们提供了现代化的生产手段,使得产品形成的时间缩短,如管理系统MIS、计算机技术等的结合有效减少了产品生产的时间。

之前,一种信息产品的生命周期比较长,可使用十几年或者几十年,现在的信息产品生命周期大大缩短,有的只能使用几年或几个月。信息技术背景下产品更新换代的周期变化是很明显的,现代市场所具有的竞争力导致产品的短周期更具有竞争上的优势。就增长速度来说,信息产品开发周期愈短,增长速度愈快。

3. 高投入

在信息技术发展过程中,电子计算机、远程通信技术的结合带来了一场革命。信息技术的主要内容包括信息的采集、处理、传递、存储、复制、维护等,集计算机技术、通信技术、微电子技术于一体。对于这一技术的研制与开发,每一个环节都需要投入巨资,从而支持整个项目的研制。信息技术的高投入通常涉及三方面的费用,即配置精密仪器、消耗尖端材料、复杂的开发活动。

根据相关统计数据可知,世界上很多国家在信息技术方面的开发上所投入的费用都是很大的,一般占到销售额的5%～15%,这是其他领域的2～5倍,如美国IBM公司将公司营业总额的18%都投入信息技术的研发过程中。

4. 高风险

信息技术研发过程中所具有的高投入特征导致其具有高风险,这主要体现在以下三个方面。

(1)信息技术研究具有不确定性。例如,企业为了建立公司的管理信息系统需要投入上百万甚至几千万的资金,同时还需要考虑每个部门的岗位情况,把握信息流动的内在逻辑,进而设计和制作出适合本公司的信息管理软件系统。然而,企业自身具有典型的动态性特点,这往往带来信息数据的多变与不稳定,定型决策很难形成,这些不利因素可能会导致管理信息系统不同程度的受损或崩溃。

(2)信息技术从设计、开发到研制成功的概率比较低。综合来看,信息技术领域中新产品研发成功的概率只有3%。换言之,信息产品开发不成功就意味着所投入的资金完全浪费了。

(3)信息产品受市场变化的影响,回报波动比较大。大规模甚至是超大规模集成电路制造企业的出现,导致很多旧产品制造企业被淘汰。从企业角度而言,信息技术企业的生存率远低于其他类型的企业。如此一来,信息技术所具有的高风险性带来了一种新的经营形式,即风险投资。

5. 高竞争

现在,信息技术是社会生产力水平的重要反映,不仅可以体现某一个企业的经营水平,而且还可以反映一个国家的综合国力,是政府、企业等关注的焦点之一。与传统竞争相比较而言,信息技术的竞争突出表现在掌握与利用信息技术上。

在信息技术的支持下,世界上的信息流量激增,这些给计算机和网络在加工、处理、存储、传递信息时带来了很大压力。在国际领域内,很多国家都将信息技术作为竞争的关键手段,各个国家在技术、人才、贸易、投资、货币等方面的竞争从本质上而言是信息技术的竞争。因此,在国际上,信息技术的竞争形成了美、日、俄国、欧共体及发展中国家多元并举的格局。

二、大学英语教学

(一)对教学的理解

"教学"这一概念的产生,与它所指称的对象——教学这一人类实践活动是密切相关的。相应地,人们提出"教学"这一概念也有一个过程。"教学"二字,在我国古代很早就出现了。早在商朝,甲骨文中就已经出现了"教"字,如"丁酉卜,其呼以多方小子小臣其教戒"。甲骨文中也已有了"学"字,如"壬子卜,弗酒小求,学",就是迄今发现的"教""学"二字的最早书写形式。但"教学"二字连为一词,则最早见于《尚书·商书·说命》:"教学半"。《学记》引用它作为"教学相长"思想的经典根据,特别用来说明"教然后知困""知困然后能自强也"。宋人蔡沈注:"教,教也。……始之自学,学也;终之,教人,亦学也。"意思是说,一开始自己学,这当然是学;而学了以后去教别人,这也是学。这与夸美纽斯认为"教导别人就是教导了自己"以及布鲁纳所说"教,是最好不过的学习方式",其见解和论断都是差不多的。但这些说法都还不是"教学"这个词通常的含义,只指"教"的一方面的活动,还未包括教师的教和学生的学的双边活动,实际上即使在今天,在我们日常通俗说法中,"教学"也通常就是指"教师的教",如我们通常说某某教师的教学质量高即是如此。

《学记》开篇就说:"建国君民,教学为先。"这里,"教学"一词可以解释为含有教者和学者双方活动的意思,但它的含义较广,与"教育"一词似乎是一个意思,所以,也还不是通常所说的教学。据有的学者考证,宋代欧阳修作胡瑗先生墓表,说:"先生之徒最盛,其在湖州之学,弟子去来常数百人,各以其经转相传授,其教学之法最备,行之数年,东南之士,莫不以仁义礼乐为学。"其中"教学"二字,才是正式指教师"教"和学生的"学习"活动。从中国教育史来看,对"教学"概念的比较科学、合理的理解当源于此。

无论中外,"教"的基本含义是传授,"学"的基本含义是仿效。"教学"的基本含义是传授和学习。我国明末清初时的王夫之曾经作了一个简要的解释。他说:"推学者之见而广之,以引之于远大之域者,教者之事也。引教者之意而思之以反求于致此之由者,学者之事也。"意思是说,教的工作就是不断增广学生的见识,学习就是认真思考教师教导的意思。

当代教育学界的专家、学者,在各自的教学论思想指导下,对"教学"提出了许多不同的看法,可以毫不夸张地说,有多少本教学论著作,就会有多少种"教学"的定义。这种现象看似不可理解,对同一事物为什么可以有如此殊异的看法或解读?这或许说明"教学"这一事物本身是十分复杂的,很难一下子就把握住本质的东西;或许也意味着不同的人对同一事物可以带着不同的体验、从不同角度加以理解。

(二)大学英语教学的内容

大学英语教学效果的好坏在很大程度上取决于教学内容的选择。在我国,教育部门对大学英语教学的内容选择十分重视,一直在研究与完善的过程中。下面就来简要介绍大学英语教学的具体内容包括哪些方面。

1. 语言知识

众所周知,想要掌握一门语言,必须熟悉这门语言的语音、语法、词汇、语篇、句法、功能等知识,这对于英语学习而言同样也不例外。大学生掌握英语这门语言的前提就是学习这些知识,将这些基础知识牢牢把握好,并在此基础上提升自身的语言综合运用能力。英语与汉语作为两种存在鲜明差异的语言,中国学生必须要形成英语思维,并利用英语思维学习英语,如此才能取得事半功倍的效果。

2. 语言技能

大学生在学习英语的过程中,掌握英语基础知识是基础,同时还要在语言知识的基础上掌握更多的语言技能,包括听、说、读、写、译。

3. 跨文化交际

在学生已掌握的语言文化知识基础上,帮助学生了解中外世界观、价值观、思维方式等方面的差异,培养学生的跨文化意识,提高学生社会语言能力和跨文化交际能力。拓展国际视野,传播中华文化,讲好中国故事。

三、信息技术支持下大学英语教学的优势

（一）发挥学生主体作用

大学英语教学与信息技术的融合可以将学生的主体地位凸显出来,学生可以从自身的需要出发,选择自己的上课时间,采用恰当的方法调控自己的学习进度,从而借助信息技术进行知识掌握。当学生在学习中遇到问题时,他们也会调整自己的学习速度,随时对问题进行解决与补充,从而不断提升自己对知识的掌握程度。当学生在学习中感到非常容易时,他们也会提升自己的学习速度,这样便于掌握更多的知识,也可以进行测试与检验。

在这一过程中,学生能够正视自己的不足,巩固自己的语言知识,便于他们形成良好的学习习惯。同时,无论学生处于何处、什么时间,他们都可以运用各种教材与课件,查询、访问或者下载,这样帮助他们进行有针对性的学习。当然,如果学生在学习中遇到问题时,他们可以发送邮件与教师进行沟通,让教师为他们答疑解惑。因此,信息技术使学生清楚地了解自己的学习情况,发挥自己学习的积极性,促进自己的学习。

大学英语教学本身是一门能力课,如果仅仅学习理论,这样的学习显然达不到成效,还需要通过锻炼,将理论付诸实践。在传统的大学英语教学中,很多学生因为害怕或者自信心不足,导致不愿意在公共场合开口讲英语,在课堂上也不愿意回答问题,显得非常焦虑,这样的情况是非常常见的。但是,在信息技术背景下的大学英语教学中,学生不用担心这一问题,因为他们不是面对面的,因此学生会不断释放自己的焦虑,从而愿意回答与解决问题。

另外,由于信息技术在大学英语教学中的运用,为学生提供了一种交互式的学习环境,其中实现了文字与图片、动与静的结合,因此显得更为逼真,学生的学习也具有趣味性。

（二）转变学生学习的方式

学习方式是学生在展开学习任务时自主、探究的基本认知取向与行

为特征，其主要包含发现学习、接受学习、合作学习等。在新时代背景下，大学英语教师选择的教学方法一般是多种多样的，具有针对性与灵活性，这样也就推动了学生学习方式的转变，要求教学应该从学生的学习能力出发，符合学生的学习要求，这样才能培养出符合社会发展需要的应用型人才。具体来说，主要可以从如下四点考虑。

第一，倡导自主探究式学习，让学生自定节奏，具体来说就是学生在学习中要发挥自身的主观能动性，引导学生大胆接受挑战，挑战传统的识记性学习方式，让学生真正地学会学习，成为学习活动的主人，推动他们灵活地转换学习方式，在创造与研究中学习。

第二，推动学生开展团队合作式学习，即单打独斗的学习显然效果差，学生只有学会与其他同学合作、与教师合作，才能真正地弄懂知识，掌握技能。

第三，实施应用情境式教学，即关注学生在特定情境中的认知体验，通过新兴技术，为学生创设真实的场景，让学生主动参与其中，增强他们的认知能力。

第四，关注学生的在线学习与移动学习。由于网络技术的发展，学生的学习资源越来越丰富，这就给学生提供了学习的便利，学生可以打破时空的限制，获得教师或者其他同学甚至一些专家学者的帮助，从而在课外不断提升自身的语言能力。

第二节　信息化时代大学英语教学的特点与原则

一、信息化时代大学英语教学的特点

（一）变更教育理念

信息技术背景下的大学英语教学的教育理念是由"以教为中心"转变为"以学为中心"。在信息技术背景下的大学英语教学中，慕课、微课、翻转课堂等教学模式的运用做到了以学生为中心，这就比传统英语课堂要好很多。因为在传统英语课堂中，教师作为教学的中心，教学就是教师站在课堂之上，为学生们讲授课程，即便教师将课程讲

得非常精彩,有些学生也很难融入其中。因此,信息技术背景下的大学英语教学改变了这一点,学生占据学习的主导地位,课堂变成了以学生为中心的课堂,这样的学习会让学生觉得自由、快乐,愿意学,乐意学。

(二)革新教学流程

在信息技术背景下,大学英语教学的流程与传统大学英语教学明显是不同的。信息技术背景下的大学英语教学将知识的传授转移到课堂之前,将知识内化的过程置于课堂之上。在课堂开始之前,学生通过观看视频来学习新的知识,这样他们就可以将传统教学中教师讲授的时间空出来,让学生有充足的时间完成作业,并实现师生之间、生生之间的互动,这样做主要有如下两个优点。

首先,学生通过观看视频,能够使自己的学习更加主动,能够逐渐对自己的学习负责,这种方式可以解决传统课堂优等生"吃不饱"、中等生"吃不好"、差等生"吃不了"等问题,从而真正地实现因材施教。

其次,保证了学习目标具有可操作性,这有助于学生对知识进行创造。根据布鲁姆将学习目标划分为理解、记忆、分析、应用等部分,可以对信息技术背景下的大学英语教学与传统大学英语教学进行对比,具体来说就是信息技术背景下的大学英语教学将难度最小但是需要更多选择权的环节放在课前来学习,如理解环节与记忆环节,学生可以根据自己的能力和节奏对学习进行掌控,但是将那些难度较大、需要教师和其他同学帮助,放在课堂上完成,如分析环节、应用环节等,这样才能真正做到各得其所。

二、信息化时代大学英语教学的原则

从"信息技术"应用于大学英语教学的形势与特点中可以看出,信息技术时代下的大学英语教学要比传统教学更具有优势。但是,信息技术教学手段在大学英语教学的应用中还需要遵循一定的原则。如果不遵循这些原则,信息技术时代下的大学英语教学也无法发挥出事半功倍的效果。

(一)以学生为中心原则

"信息技术"视域下大学英语教学需要坚持以学生为中心的原则。在学习过程中,学生考虑自身的特点与实际水平,主动参与到学习之中,选择与自己能力相匹配的内容。在人机交互过程中,学生能够主动地思考,并动手进行操作,从而激发学生学习的主动性与积极性。

总之,这种以学生为中心的信息技术不仅为学生提供了自由的学习空间,还为学生提供了大量的学习内容,保证他们在学习中不断提高,获得更佳的学习效果。

(二)主导式自主学习原则

以信息技术为核心的现代信息技术逐渐进入外语教育领域。这就导致以教师为中心的传统教学转向以学生为中心、以教师为主导的教学,以单传授知识与技能的教学转向既传授知识与技能,又注重语言运用能力与学生自主学习能力培养的教学。

也就是说,当前的大学英语教学应该以信息技术为依托,集合文字、图像等,通过运用各种传播手段,以个性、开放的形式对大学英语教学的信息加以存储与加工,并进行传播,将信息技术与大学英语教学紧密结合,将课堂教学与信息技术学习紧密结合,以学生为中心,学生展开以教师为主导的自主学习,即为主导式自主学习。简单来说,主导式自主学习是一种有目标指向的积累性的学习方式,学生基于教师的主导,在宏观目标的调控下,从自身的需要与条件出发,制订并完成具体目标的一种学习方式,其主要表现为教师在学习中充当参与者的身份,学生将自身的独立性与主观能动性发挥出来,实现教师与学生的良性循环与有机结合。

在主导式自主学习中,主导指的是教师创造一切与学生学习相关的环境,引导学生建构对周围世界的认知。自主指的是不同于对教师的依赖,而是采用一种独立的方式进行学习,但是这种学习不是自由的学习,而是自主学习,其需要学生形成积极的学习态度,对自己的学习内容、学习目的有明确的认识,并采用恰当有效的方式展开学习。同时,这种自主还强调基于目标的指导,学生要进行自我调控,主动参与到学习之中,并努力实现目标。

虽然自主与主导有着不同的视角,但是二者对于世界的认识、对于知识的整合以及对意义的建构等的实效性与主动性都非常注重,都是将提升学生的素养作为着眼点。就这一意义来说,二者是密不可分的关系,自主以主导作为航标与指向,主导以自主作为助推器与支撑单位。

(三)多元互动教学原则

教学是人与主体之间交流情感与思想的过程。教学的效果好坏并不取决于教与学,而是取决于教与学主体间的互动结果。所谓多元互动教学,即在信息技术环境下,大学英语教学中教师与学生之间、学生与学生之间、教师及学生与机器之间的相互作用,是一个以促进学生主体认知重组为基础的多层次的交互活动,目的是实现意义的建构。

多元互动教学使现代的大学英语教学的教师、学生、教材等要素形成了立体的网络,学生置于真实的情境之中,运用自身所学的知识与技能,通过对一系列的语言实践活动进行观察,并不断进行探索与试验,逐渐掌握语言知识与技能的意义。就这一层面来说,互动在语言教学中被认为是运用语言最本质的特征,是学生获取外语知识的一条必经之路。

在语言教学活动中,语言是知识体系与技能体系的融合,实践性较强。语言教学内容的传授也是教师和学生共同参与的过程,彼此之间通过合作、完成任务,从而使学生获取知识。通过多元的互动,学生能够不断发现语言使用的规则以及他们对语言使用的反馈情况,同时将新的语言形式与规则运用到自身的实践之中,通过多种实践,学生可以对语言运用的规则加以感悟,与语言表现形式进行对比,体验语言的社会功能,完善自身的语言体系。

信息技术与大学英语教学的整合导致原有的教学要素进行重新配置,从而产生一个具备外语教学过程的、虚拟的、网络的教学环境,为多元互动教学开辟一个新的空间。

第二章 大学英语自主学习研究

当前,我们处于一个崭新的时代,这个时代的典型特征是文化全球化以及信息技术快速发展。在这样一个时代背景下,我们每一个人都需要养成终身学习的好习惯,如此才能让自己的知识时刻保持在更新状态,才能与社会的发展需求相贴合,才不至于让自己的知识体系落后。那么,终身学习显然离不开自主学习这一习惯的支撑。自主学习的重要性是不言而喻的,只有自己主动学习、主动获取知识,才能在较短的时间内真正达到提升自我的目的。

第一节 自主学习相关内涵解析

一、自主学习的定义

"自主学习"这一概念虽然早在20世纪就已经被教育学家提出来了,但至今都没有形成一个统一的定义,对于"自主学习"这一概念的表达,更是众说纷纭,如autonomous learning(自主学习),active learning(主动学习),self-study(自学),self-managed learning(自我管理学习),self-education(自我教育)等。这反映了两个问题:(1)人们对自主学习的研究极为关注;(2)不同的学者对自主学习关注的角度、重点也不同。因此,国内外关于自主学习的定义有很多种,下面我们就列举部分具有代表性的观点。

（一）外国学者的观点

最早研究自主学习的亨利·霍莱克（Henri Holec,1981）认为，自主学习是指"对自己学习负责的一种能力"，并且指出自主学习能力所表现的五个方面：（1）确立学习目标；（2）确定学习内容和进度；（3）选择方法和技巧；（4）监控学习过程；（5）评估学习结果。他还认为，自主学习能力不是天生的，而是需要通过自然途径或专门系统的正式学习才能获得的。

利特尔（Little）将自主学习界定为"一种独立的、进行批评性思考、做出决定并能实施独立行为的能力"。

迪金森（Dickinson,1987）认为自主学习者应该承担的学习责任包含以下几点：（1）决定学习什么；（2）学习方式为个人学习；（3）学习者选择学习进度；（4）学习者决定何时何地进行学习；（5）学习者选择学习材料；（6）自我监控；（7）自我测试。

20世纪80年代中期以后，西方学者在综合上述观点的基础上，试图对自主学习进行更为确切的界定，其中最具有代表性的是齐莫曼（Zimmerman）的定义。齐莫曼认为，只要学生在元认知、动机和行为这三个方面都是一个积极的参与者，那么就可以认为他的学习是自主的。其中，元认知指的是学生能够在学习的不同阶段进行自我反思，包括计划、组织、自我指导、自我监控和自我评价；动机是指学生从被动的学习变成主动的求知，由"要我学"变成"我要学"；行为是指学生能够自主地创设有利于学习的最佳环境。

在对自主学习进行研究的过程中，齐莫曼建立了一套具有特色的自主学习研究体系，如表2-1所示。

表2-1 自主学习的研究框架

科学的问题	心理维度	任务条件	自主实质	自主过程
为什么学	动机	选择参与	内在的或自我激发的	自我目标、自我效能、价值观、归因等
如何学	方法	选择方法	有计划的或自动化的	策略的使用等
何时学	时间	控制时限	定时而有效	时间计划与管理
学什么	学习结果	控制学习结果	对学习结果的自我意识	自我监控、自我判断、行为控制、意志等

续表

科学的问题	心理维度	任务条件	自主实质	自主过程
在哪里学	环境	控制物质条件	对物质环境的敏感和随机应变	选择、组织学习环境
与谁一起学	社会学	控制社会环境	对社会环境的敏感和随机应变	选择榜样、寻求帮助

（资料来源：庞维国，2003）

齐莫曼重点指出，以上框架中的任务条件是研究学生的学习是否为自主的主要依据。如果学习者在为什么学、如何学、何时学、学什么、在哪里学和与谁一起学这六个方面都能够选择和控制，那么其学习就是自主的，否则其学习就不是自主的。

纽南（Nunan）将自主学习分为意识（awareness）、投入（involvement）、参与（intervention）、创造（creation）以及超越（transcendence），每个阶段都是从"内容"和"过程"的维度进行详细的阐释。[①] 具体如表2-2所示。

表2-2 纽南对自主学习的分类表

阶段	内容	过程
意识	对所学内容和目标有意识	能够识别教学任务中的学习策略并能识别自己偏好的学习方法
投入	有能力选择学习目标	做出选择
参与	有能力监控、调节学习计划中的学习目标和学习内容	监控、调节学习任务
创造	主动制订学习目标	主动制订学习任务
超越	超越课堂内容，并能在课堂知识与课外知识之间建立联系	超越学习者的一般能力

（资料来源：严明，2007）

从纽南五阶段的两个环节看，自主学习意识不仅指学习者意识到自己要为自己的学习负责，还要意识到在学习过程中主动地确定学习目标和内容，对运用适当的学习策略和方法以及监控、管理、调节学习过程也有意识。

---

① Nunan, David. Designing and Adapting Materials to Encourage Learner Autonomy [M]. *Autonomy and Independence in Language Learning*. Benson, Phil and Voller, Peter (ed.) London: Longman, 1997: 192-203.

在五阶段中,显然自主学习意识是最基础的阶段,其他四阶段都建立在第一阶段基础上,层层递进,逐级深入。学习者自主学习能力在各个阶段中各不相同。第五级的超越阶段被认为是自主学习能力完全实现的体现。可见,自主学习能力是在学习过程中学习者的综合学习能力——拥有知识和必要的技能,使学习目标得以有效地实现。学习者应该具有自主学习的能力和意愿从而实现自主学习。[①] 自主学习能力有赖于相应的知识和必要的技能,而意愿主要体现在自主学习过程中学习者所需的学习动机和自信心。

(二)我国学者的观点

我国学者对自主学习的研究要晚于国外,20世纪80年代中后期才开始对自主学习进行探讨。他们在分析、总结国外自主学习理论的基础上,结合我国实际情况对自主学习进行了研究和探讨。

我国学者韩清林(1999)认为,狭义的自主学习是指学生在教师的科学指导下,通过能动的创造性的学习活动,实现自主性发展。而广义的自主学习是指人们通过多种手段和途径,进行有目的有选择的学习活动,从而实现自主性发展。

我国学者陈水清(1999)认为,自主学习就是学习主体主导自己的学习,它是在学习目标、过程及效果等诸方面进行自我设计、自我管理、自我调节、自我检测、自我评价和自我转化的主动建构过程。

我国学者庞维国(2003)提出:"自主学习是建立在自我意识发展基础上的'能学';建立在学生具有内在动机基础上的'想学';建立在学生掌握了一定学习策略上的'会学';建立在意志努力上的'坚持学'。"

陈冬纯认为:"自主学习是指学习者依赖其独立的学习风格、积极的学习态度和良好的学习能力,能够独立或在教师的指导下设定其学习目标,通过个人的活动和与他人合作的方式,实施、完成、评估自己的学习效果并达到学习目标的学习过程。"

徐锦芬(2007)认为,我国英语教学环境下大学生自主学习能力应涵盖五个方面的内容。

---

① Littlewood, William. "Autonomy": An Autonomy and a Framework [J]. *System*, 1996 (4): 427-435.

（1）了解教师的教学目的与要求。
（2）确立学习目标与制订学习计划。
（3）有效使用学习策略。
（4）监控学习策略的使用情况。
（5）监控与评估英语学习过程。

虽然学者给出的自主学习的定义各不相同，但总体来讲，他们都有基本的共识，即自主学习应该是以学习者为中心（相对以教师为中心），学生根据自身的、不同的需求，在整个学习过程中进行自我规划、自我管理、自我调节、自我检测、自我反馈、自我评价的自我建构过程。而且，他们都强调自主学习应成为外语教学的重要目标，学习的责任应由教师转向学生。

高欢（2019）提出，自主学习强调学习者内在的能动性，在学习中，主动确立学习目标，制定学习计划，并进行自我监督、自我评价，将评价结果反馈到学习过程中，从而调节学习者的学习行为，实现真正的自主学习。自主学习能力作为学生学习的基本能力使学生终身受益，自主学习能力的高低制约着学生学习能力的高低。

二、自主学习的理论依据

（一）人本主义理论

20世纪以后，许多心理学家慢慢认识到行为主义和认知主义理论并不能恰当地探讨人类的思维能力、情感体验与学习过程等一系列问题，过于严格的研究方法，没有关注到人之所以为人的实质，心理学学习理论的研究出现了明显的机械决定与动物化的倾向，有明显的生物还原倾向。出于对行为主义学习理论与认知主义学习理论中存在的严重贬低人性和非人性化倾向的不满，20世纪60年代，美国心理学界出现了一场规模较大的运动，美国的人本主义心理学会于1962年成立，第一任主席是布根塔尔（Bugental），这标志着人本主义学习理论得到了学术界的认可。罗杰斯对人本主义理论论述较多，他的《自由学习》一书多次再版，专门讨论学习的问题，他也参与了其他学习理论的论述工作，为学习理论中的人本理论做出不朽的贡献。

人本主义心理学的写作教学理论虽然尚没有形成一套完整的理论

体系,但是为教育理论的构架提供了良好的基础,特别是在教育目的上,强调发展人性,注重创造潜能的启发,引导认知与经验的结合,注重人的理性与情感的均衡发展,使学习者肯定自己,进而促进个体自我实现。在教学思想和实践上,主张以自我发展为目的,一切教育方式方法要适合学生的需要,促进学生发展。这些主张反映在学生中心模式及与其相关的开放教育、自由学校、合作学习和自主学习上。在写作教学教育方法上,重视以人与社会的实践为学习内容,注重师生共同设计、共同解决问题并在实际行动中学习。

(1)人本主义课程理论。人本主义课程又称作以人为中心的课程,是20世纪70年代西方教育发展的主要方向,也是人本化教育在课程论上的典型表现。它肯定人的情感、情绪和感情的重要性,坚持课程要从学生作为整体这一立场出发研究,主张统一学生的情感和认知、感情和理智、情绪和行为,强调开发人的潜能,同时促进人的自我实现。

人本主义课程的主要特点:承认学生的写作学习方式同成人的研究活动有着本质的差异;尊重学习者的本性与要求,强调认知与情感的整合发展;学校写作教学课程必须同青少年的生活及现实的社会问题联系起来。

根据以上所述的人本主义课程的特点,人本主义者坚持学校课程应该人本化,主张开设以下三种类型的课程。

第一,体验课程(experiential curriculum):是指通过认知与情感的统一,唤起学生对知识的探求以实现整体人的发展的课程,又称为自我实现课程。它包括综合运用各门学科的知识,在新开发的课程里体验学习。

第二,情感课程(affective curriculum):是指健康、伦理及游戏这一类用在发展非认知领域能力的课程。它包括发展人的情绪态度、价值、判断力、技能熟练、音乐美术,以及经过部分改革的体育、健康教育、道德、语文、家政等学科。

第三,学术课程(academic curriculum):指理解和掌握自然科学、社会科学和人文科学的学术知识课程。这不仅是学术中心课程所追求的内容,而且是人性中心课程所应包含的学术水准。

(2)学生创造性的培养。人本主义学习观认为写作教学的目的是促进个人的自我实现,想象力和创造性的启发就是人本主义教学目标的重点之一。人本主义者马斯洛认为教学上的创造性应分为两种：一种是学生特殊才能的创造，并非人人都能具有，也不是一般传统教育所能实现的；另一种创造性是指个体自我实现的创造，这种创造性是针对每一个心智健全的受教育者所应具备的处理新经验、应付新情境的能力而言的，所以说学校教学的主要任务是促进自我实现的创造。罗杰斯认为创造性可以分为破坏性的创造性和建设性的创造性，而教学中培养建设性的创造性的前提条件是心理自由感(psychological freedom)和心理安全感(psychological safety)。

心理自由感是指允许个人有自我表达的自由，使其自由地思考和感觉来增进其经验的开放性以及知觉和理解的轻松自如和自发性；心理安全感是指无条件地接纳别人和其他新鲜事物，在教学中体现为教育者提供没有外在评价的轻松气氛以及移情理解受教育者。人本主义教育家认为，培养学生的创造性应注意以下两个因素。

第一，为受教育者提供充分的学习机会。良好的学习机会是影响个人潜能发展的一个十分重要的因素。个人内在的知识结构的内容与品质常与其以往的经验相关，因此教师必须注意指导学生学习生活的体验与经验，以提供自我学习的机会。人本主义心理学家特别重视个人在人际关系中经验的学习，因为这有助于个人创造性的启发和培养。为了促进创造性的培养，教学活动应重视讨论、感受、启发和理解，让学生有充分的时间去思考，有充分的经历去体验，并鼓励学生去实现、探索。

第二，提供良好的生理条件。充沛的精力来自健康的身体，而健康至少应包括充沛的体能、饱满的精神、敏锐的知觉、迅速的活动力以及愉快的情绪。教师应特别注意学生是否有偏食的习惯。食物的正确烹调方法、营养知识、生活习惯、运动和情绪，这些都与学生的健康有关，学校教育的教育者不应忽视。

相反，限制学生潜能发展的一个原因是教师忽视其学生的需要。目前有不少学生由于无法在学校的教育中获得人自身需要的满足，诸如被动的学习、师生之间的疏离、缺乏情感、破碎的家庭、功课的失败、不能在学校里发挥自己的特长等，而受到严重的伤害，逐渐走向失败。教师必须依据每位学生不同的需求进行教学设计，使学生除了获得知识和技能以外，还能得到关爱与支持，获得成功的经验和自信，最终获得自我实现。

(二)二语习得理论

第二语言习得(简称二语习得,L2 或 L2A),通常指母语习得之后的任何其他语言学习。二语习得研究是应用语言学的一个重要分支学科,涉及语言学、心理学、心理语言学、语用学、社会语言学等许多方面的理论。它对学习者的第二语言特征及其发展变化、学习者学习第二语言时所具有的共同特征和个别差异进行描写,并分析影响二语习得的内外部因素,系统地探讨二语习得的本质和习得的过程。其主要目标是:描述学习者如何获得第二语言以及解释为什么学习者能够获得第二语言。

狭义的"二语习得"指在有目标语环境的地方学习除母语外的另一门语言,例如母语为汉语的人到美国去学习英语;外语一般指在没有目标语环境的地方学习除母语外的另一门语言,如在中国学英语;广义的"二语习得"既包括学习外语也包括习得"二语"。

美国语言学家克拉申(S. D. Krashen)的语言习得理论认为:人们学会语言主要通过两种方式:一种是习得,另一种是学习。"习得"就是指学习者通过大量的接触和使用目标语,无意识地吸收和获得该语言,并能在无意识的情况下流利、正确地使用该语言。而"学习"则指学习者为了掌握目标语而有意识地学习和研究目标语,并且以理智的方式来理解它的过程。

克拉申的监察理论认为,通过"习得"而掌握某种语言的人,能够轻松流利地使用该语言,而学习得到的语言知识只是对输出的语言进行"质量检查"监控。与语言的学习相比,"习得"比"学习"更能内化语言系统,形成语言能力。克拉申的可理解的输入是语言习得,就是说学习者听到和读到的语言材料应该是自己可理解的,而且材料的难度要稍微高于自己目前已经掌握的材料,因此,我们记住一条简单的公式就可掌握语言输入的诀窍:Rich Comprehensible Input i+1。其中的"Rich"意思是丰富的,既要量多又要多种题材、体裁,"i"代表自己现有的水平,"+1"就是"难度大一点",说白了就是要多读多看形式多样、能够基本理解的语言材料。

二语习得理论是自主学习理论的重要支撑。自主学习利用大量的多媒体、多题材、多体裁的外语网络资源开展听、说、读、写、译活动,并且在真实的语言交际中大量接触和使用目标语;由于有网上在线词典等释义工具的辅助,加上语言中心资源的分类和标注,以及播放设备的"变速不变调"技术的使用,使得自主学习者可以很好地控制语言的难度和速度,使外语学习更加高效。自主学习还汲取了社会语言学"语言是交流的工具、语言运用、合作学习"等思想,"以学习者为中心"及其他相关理论也为自主学习提供了重要的理论依据。支持信息化外语自主学习的还有计算机辅助语言教学的思想和现代教育技术的理论。

三、影响自主学习的因素

自主学习是以内部条件为依据、以外部条件为支持的学习模式。影响自主学习的因素有内在和外在之分。内因和外因相互联系、相互影响并相互作用,共同构成自主学习的机制。

(一)影响自主学习的内在因素

1. 信念

学习者对英语学习的信念会影响他们对学习自主性的培养和发展。由于受应试教育和传统教学模式的影响,学生往往认为只有课堂教学才能学习英语,只有考试过级才算学会英语,这种信念忽视了自主学习的作用。Oxford在《语言学习策略》一书中指出,"由学习者自己承担的学习会使学习本身变得更容易、更快捷、更愉悦、更自主、更有效、更能应用于新形势中"。要抱定一个信念:自主学习能力最重要;只要方法对、条件好,自主学习的效果一定会好。只有学习者有坚定的信念,愿意为自己的学习负责,其学习效率才会提高。

2. 情感

自主是学习者根据自己的需要和愿望控制学习内容和过程的能力。当学生所学的东西正是学生自己迫切需要的东西时,学习就会变得轻松愉快,学生就会信心百倍。

动力是指激发学生获得知识的内在动力和欲望。动力对自主学习非常重要,它是引起、推动和维持自主学习的基础和前提。学习者有强烈的学习动力和欲望,才可能去承担责任、"自找苦吃"、克难奋进,学习才有韧劲和不达目标不罢休的毅力。当网络的新奇性和多样性不再吸引学习者的时候,激发自己的学习动力尤为重要。

动力还可分为内在动力和外在动力,而自主学习中的学生定目标、定计划、选方法和进行评估等自主性行为能激发"内在兴趣",提高学习的动力。

3. 归因

归因是指人们对自己成功或失败所做出的因果解释。归因能对学习者的动机产生积极或消极的影响。我们一般将自己学习的成功和失败归因于能力、努力、任务难度和运气四个因素。我们在自主学习时,要学会积极的归因方式:成功时应归因为自己能力强,这样可以产生自豪感,对自己充满信心;失败时应归因为我们的努力还不够或方法不对,而不能归因为我们无能,否则会伤自尊心,产生羞耻感,对未来缺乏信心。把失败和成功归因于可以控制的、内部的、不稳定的因素,会对自主学习的成功抱有更高的期望,提高绩效感。

4. 学习风格

学习风格是人们在学习新概念时处理信息的方式,其实质是学习者喜欢的或经常使用的学习策略、学习方式或倾向,是在长期的学习过程中逐渐形成的、具有鲜明个性的行为,具体表现在认知方面(场独立型和场依赖型)、感知方面(视觉型、听觉型、动觉型和触觉型)、生理方面(谨慎型和冲动型)等。任何人的学习风格都不是单一的,而是多方面的。各种学习风格之间也不是相互孤立的,而是存在着不同程度的联系。因此,对各种学习风格不应有所偏好,褒扬某种学习风格而排斥其他学习风格。

(二)影响自主学习的外在因素

1. 教师

教师的行为对学生具有影响作用。学习的主体虽然应该是学生,但教师的主导作用也至关重要。教师的教学模式、教学方法、选材思路等对学生的自主学习都有示范作用。学生会从教师的教法中吸取营养，注意教师观察问题、分析问题和解决问题的观点和方法，指导自己的学习。

教师要与时俱进，自己先做优秀的自主学习者，不断更新知识、转变观念、适应新角色，以胜任现代新型教师的任务；另一方面，教师要争取更大的自主权，对教师的评价也应体现自主学习能力培养的理念。

2. 教育技术

教育技术在这里是指为信息化自主学习而创造的学习环境和学习支持体系，是自主学习的物质基础，包括学习者在学习中可使用的硬件设施、软件平台、辅导帮助机制、监控机制、可供选择的资源等。它为自主学习提供了多媒体、跨时空、高效率的学习环境，体现了身处信息化时代的学习者应对知识经济挑战，进行网络化、多模态学习的需求，培养了信息化的自主学习的终身学习能力。现代外语语言学习中心集成了这些条件，为外语自主学习提供了理想的场所。

3. 课堂环境

研究者主要是国外研究者，在对自主学习研究的近30年历程中，在自主学习与课堂环境之间的关系研究方面已积累了较为丰富的成果。下面，我们围绕组成自主学习的三个重要子系统：动机、学习策略（包括认知与元认知）和学习资源的利用，总结课堂环境对自主学习的影响。

（1）课堂环境对学习动机的影响

关于自主学习的动机，一般认为，学生个人的成就目标定向、内在动机和学习效能感是非常重要的三个方面。这里，我们分别论述课堂环境对动机的影响。

课堂环境对学生成就目标的影响。近年来，考察不同的课堂环境因素或实验室情境因素对学生目标定向的影响已成为一个重要的研究方向。

频崔奇（2003）提出，过去对成就目标的研究中，主要集中于考察学生个人所持有的成就目标定向与随后的动机、认知及情感结果之间的关系，极少关注课堂教学实践和课堂目标与学生的成就定向之间的关系。事实上，复杂而丰富的课堂环境向学生传递着有关他们从事学习活动的目的的各种信息；教师的课堂教学实践，也包含有多种影响学生成就定向的信息和线索。因此，考察课堂环境因素与学生的成就目标定向和适应性学习结果之间的关系，应该引起研究者高度的重视。

阿姆斯(1984)等在一篇文章里论述了社会比较和自我参照的课堂环境对学生的信息加工和学习结果评价的影响；不同的课堂结构营造不同的目标氛围，从而影响到学生对自我、学习任务和他人的信念。

帕特里克等(Patrick, et al, 2001)对任教5年级的4个教师，以明示和暗示的方式向学生传递掌握性和表现性目标定向信息进行了研究。他们采用问卷法收集了10个班223名学生对课堂中教师设置的掌握性目标和表现性目标结构的知觉。另外，他们还采用观察法，收集了教师在设置任务、权利分配、评价学生、对学生分组、时间控制、社会互动和面对学生求助时等方面的谈话或行为。结果发现，掌握性定向的教师把学习看作积极主动的过程，这也反映在教师的教学实践活动中，这样的教师要求所有学生加入学习活动中来，强调努力，鼓励学生间的互动，他们还表现出对学生学习和进步的社会与情感支持以及对学生的关注。相反，表现性定向的教师则强调正式性评价、等级和学生的相对表现。

恩托曼里斯和比得(Ntoumanis, BidUe, 1998)对英国大学生运动员的成就目标与知觉到的动机氛围之间的关系进行了考察。结果发现，知觉到的任务卷入氛围与学生任务目标定向有着极显著的正相关，而与自我目标定向无相关；知觉到的自我卷入氛围与学生的自我目标定向有正相关，但与任务目标定向有负相关。

课堂环境对学生内在学习动机的影响。在课堂环境中，影响学生内在动机的因素是什么呢？围绕这个问题，研究者主要考察了以下两个方面的因素。

首先是教师教学风格中的自主定向与控制定向的影响。关于自主支持(autonomy-supportive, AS)与控制型(controlling, C)教师教学风格的差异，瑞悟等(Reeveetal, 1999)都做过比较研究。

总的来说，自主支持型教师是反应性的，如更多倾听学生的呼声；支持性的，如对学生的行为质量的赞许；灵活的，如给学生独立支配的时间；通过兴趣来激发学生，如支持内在动机。相反，控制型教师则是操纵性的，如控制教学材料，对学生指导和命令更多；灌输性的，如向学生直接给出正确答案；评价上批评更多，通过施加压力来刺激学生学习的积极性,如采用控制和强制的做法。

除了教师教学风格对学生的内在动机产生影响,还有研究者对成就目标的影响作用也进行了研究。

(2)课堂环境对学习资源利用的影响

一般来说,学业求助与其他方面的环境创设和资源利用相比,它更多地要通过与他人的互动才能完成。因此,制约学业求助的因素,除了学习者的主观条件以外,还涉及学习环境中的他人因素。基于这样的考虑,这里就只考察课堂环境对学业求助的影响。

课堂学习环境中对学生求助行为产生影响的因素大体上有以下两类:第一类是教师因素。迈尔和苏巴特(Mare,Sobat,2002)从学生知觉的角度,研究了支持或抑制求助的教师特征。他们认为,由于教师通常是学生求助的对象,因此,教师对学生的求助作何反应或被学生知觉为作何反应,会对学生产生重要的影响,而且成为课堂学习环境氛围的中心。他们通过与学生交谈,归纳了10类影响学生求助的因素:教师提供帮助的意愿、教师的人格特征、教师对学生求助的反应、教师对学生的期待、教师提供帮助的能力、教师与学生的关系、学生与教师是否熟悉、教师的心境、教师反应的非确定性和教师的性别。

纽曼(Newman,2002)提出,教师对学生学业求助的影响表现在以下三个方面。

教师的卷入。对适应性求助来说,教师卷入会通过师生间的交互作用和学生对教育的信念而产生影响。当教师将情感投入课堂之中,学生会尊敬教师并在课堂里体验到归属感。被学生知觉为关怀型的教师,能为学生提供一个师生交互影响的学习环境。例如,师生的目的、关注点和情感处于协调的状态。当师生拥有共同的目的时,教师就特别能采择学生的观点,理解学生的想法,并且基于这种理解而对学生的学习做出恰当的指导。友好的、关怀型的教师,他们能对学生保持开放的姿态,表现出民主的互动风格,愿意倾听、探询学生的求助需要,确保学生理解困难的学习材料,以非威胁的方式提供帮助。在这种风格的影响下,学生会认为求助于教师是有效的,教师是值得信赖的求助对象,因而学生愿意向教师求助。

支持自主。自主学习者有较强的自主感,但这并不意味着他们是自足和独立于他人的。相反,在需要的时候,他们也会对求助感到心安理得。教师支持自主和适应性求助的一个重要的方式,涉及课堂目标定向的创设和对学生个人目标定向的适应。研究表明,在掌握目标定向的环境里,学生真正对知识的理解感兴趣,他们会请求教师提供与任务相关的信息帮助自己克服困难,而不求助的学生则是喜欢挑战,并且表现出良好的坚持性。但是在表现目标定向的课堂中,学生为了掩盖自己的低能,他们一般不会求助,如果求助的话,也表现出非适应性求助,如不经过自己的探索就直接问正确答案。此外,教师应适应学生个人的目标定向。一般来说,具有掌握目标定向的学生,他们会寻求教师的启发而不是正确答案,希望获得教师对他们得出的结论是否正确的反馈信息,他们希望改正缺点,通过自己的努力获得正确答案。相反,具有表现目标定向的学生对这类信息并不感兴趣。教师适应学生个体差异的程度影响到学生的适应性求助。当课堂与个人都强调学习目标时,学生就很可能表现出适应性求助;而如果课堂与个人都强调表现目标时,学生则拒绝求助。还有一点很重要的是,具有表现目标定向的学生在强调学习目标的课堂中,他们会表现为克服回避求助的倾向或对回避求助的倾向有一定弥补作用。

支持胜任。自主学习依赖于学生的学业胜任感。教师通过提高学生的认知能力和社会交往能力,以满足学生的适应性求助的需要,如创设适宜的学习环境。研究表明,合作学习可以避免学生的社会比较和对求助行为的抑制;建立有助于适应性求助的课堂讨论模式。例如,教师为学生提供针对性反馈,有助于培养学生对自己求助需要的自我意识能力。

课堂环境中,除了教师因素影响学生的适应性求助,同伴也是非常重要的一个影响源。纽曼(Newman,2002)认为,同伴是儿童在学校社会化的重要动因,同伴对学生的影响表现在以下三个方面。

同伴卷入。其一是友谊对适应性求助的影响。深厚的友谊可以为儿童开放地表达他们的求助需要,而冲突的同伴关系则使儿童拒绝向同伴暴露自己所遇到的困难。其二是学生的社会性目标的影响。一般来说,追求合群目标越强烈的学生,会更重视和利用求助,并将求助作为应对学习困难的策略。但应注意的是,追求合群并不一定导致适应性求助和学习成功。因为同伴间的友好也可能使大家贪玩好耍,或者同伴不一定能提供合适的帮助。此外,研究还发现,越是把同伴赞许看得重要的学生,即追求社会地位目标的学生,他们对向同学求助就越可能感到难为情。

支持自主。同伴对适应性求助所需要的自主感,既可能起支持作用,也可能起削弱作用,其影响机制是社会比较。社会比较可能对适应性求助产生积极的影响。它可以给个体提供有关同伴的优势和不足方面的信息,从而使个体对同伴是否具有帮助的能力产生准确的评价。然而,社会比较也可能对求助产生消极的影响,因为向同伴求助可能被同伴认为是愚笨的表现。

支持胜任。同伴影响胜任能力发展在很大程度上取决于教师允许学生相互帮助的程度。与个体化课堂活动(教师认为学生不需要相互帮助)和全班活动(提问通常是教师对学生而不是学生对教师)相比,在小组合作的环境里,当学生需要求助时,他们可以借助于同伴,并且随着这种经验的增加,他们逐渐会成为善于互相提出高质量问题的学习者。

4. 社会文化

文化因素影响着学习者的行为、学习价值观的思维习惯,因而会直接影响自主学习的效果。有人认为,自主学习概念源于西方文化,它被赋予的西方文化民主自由和崇拜个人主义价值观,不适合在以强调教师权威性的东方传统教育文化中发展。但也有人认为,东方学习者和其他文化中的学习者一样,都具有自主学习能力,都有较高的自主学习意识,他们都希望自己是自主学习的主体。东西方学习者只是有着不同的特征罢了。西方学习者一般果断、独立、自信,愿意提问,接受多元的结论,喜欢求异和逆向思维,而东方学习者更多地依赖机械学习,注重所学内容的复现,在学习过程中表现出更多的被动、顺从,倾向于沿着已经设定好的学习方向和学习目标来学习。此外,影响自主学习能力的因素还有智力、学习意志、自我管理能力等。

第二节　提倡大学英语自主学习的原因及意义

一、提倡大学英语自主学习的原因

随着我国高等教育快速发展和高校外语教学改革的深入，高校大学英语教学出现课时减少而班额增大情况，这种形势下，自主学习模式成了大学英语大班教学中保证教学质量的一种有效途径。大学生心理和生理的成熟也希望自主学习，尤其当今以手机、电脑和网络为主要载体的新媒体时代，为大学生提供了大量的英语学习资源和自主学习的平台空间，正逐步成为大学生英语自主学习的一个重要部分。

自主学习是与传统接受学习相对应的一种现代化学习方式，主要是以学生为主体，通过学生的独立分析、探究以及实践等方法来实现学习目标的一种学习方法。随着素质教育全面展开，要求教育教学以提升学生各项能力和综合素质为目标，促进学生的全面发展，为当今社会建设培养能力型、多样性的综合性人才，为社会主义现代化建设提供充分的保障。

自主学习作为当前教育教学的有效方式之一，引起了素质教育背景下教育教学部门的广泛关注，在大学英语学习中提升自主学习能力，促使学生可以主动探究英语知识，这对提升学生的英语水平具有极为重要的作用，也有利于实现大学英语教学目标。因此，当前大学英语应该注重自主学习模式的构建。

二、提倡大学英语自主学习的意义

（一）培养学生收集、分析和利用信息解决问题的能力

自主学习是一个开放的学习过程，在学习过程中，学生为了对所提出的问题进行研究并设计解决方案，就需要围绕研究的问题主动地收集信息，并进行加工和利用。在英语自主学习中，信息渠道众多，尤其是因特网的普及和发展，更是为其提供了大量的信息来源。学生在收集、整

理和分析信息中,所接触的都是真实的语言环境,为英语综合能力的培养提供了重要途径。通过自主学习,可以培养学生学会利用多种有效手段,学会判断和识别信息的价值,并恰当地利用信息解决问题,从而发展收集、分析和利用信息解决问题的能力。①

（二）培养学生的研究与探索能力

自主学习强调学生通过自主参与类似于科学研究的学习活动,在学习活动中亲身体验,从而激发探索创新的欲望,获得自主参与式研究的情感经历,提高研究与探索的能力。

（三）鼓励学生逐渐脱离对教师的依赖而走向自主学习

学生应根据自身情况选择适合于自己的学习方法,学生的自主能力就能得到加强。另外,教师应改变传统的英语教学中以教师为中心,以授课为根本,以语言点为主导的课堂教学模式,而应采用以学生为中心的全新授课方法,力争让每个学生都积极参与到教学活动中来,激发其学习英语的动力,全面提高学生综合能力。

（四）鼓励学生定时对自己的学习情况进行总结

通过这一做法,学生会对自己的学习有更好的了解,并开始考虑如何使自己成为自主的学习者。为了使学生切实做到这一点,教师要对学生的总结进行检查,然后可以根据检查结果帮助他们分析学习情况并适时提出合理意见,改正其不足。这种方法有助于学生增强对自己所采用的学习策略的了解,同时意识到不断对自己的学习目标及其结果进行评估的必要性。没有这种意识,学习者就会陷入原有的信念和行为模式中,从而永远都不能成为真正的自主学习者。

总之,提倡大学英语自主学习的意义不管是对于学生还是对于教师而言,都是不容忽视的。这是因为：

第一,大学自主学习模式在大学英语学习中的应用,是对传统英语教学模式的补充和完善,充分利用基于信息化平台创建的特色课程资源,符合新时代高等教育的特点和学生的心理需求。

---

① 沈冬梅.高中英语课程与教学研究[M].上海：上海教育出版社,2009：105.

第二,大学自主学习模式给了学生更大的自主权,教育的个性化教学体现得更加明显,学生可以根据个人不同需求进行碎片化学习,提高学习效率。

第三,大学自主学习模式丰富的资源和多模态的传递形式,能开拓学生的眼界,丰富学生的知识面,从各方面提升学生的英语水平。

第三章 信息化时代大学英语自主学习能力培养的理念

当前,随着中国影响力在世界上进一步扩大,越来越多的国内研究者开始着手研究英语课程中学生思想观念的培养,于是出现了很多新颖的术语,如"课程思政",即通过课程的内容来培养大学生正确的思想意识。本章主要探讨信息化时代大学英语自主学习能力培养的理念,包括坚持对学生的价值引领、贯彻以学生为中心的教学理念、重视学生的学习风格与动机、培养学生应用学习策略的能力。

第一节 坚持对学生的价值引领

一、大学英语教学的价值引领功能

大学英语在学生的课程体系中扮演以下四种角色。

第一,英语是一种工具,它不仅是一种交流工具,还是一种科研工具。工具性指的是大学英语教学要注重培养大学生的听、说、读、写、译的能力和跨文化交际能力,并掌握与专业或未来工作有关的学术英语或职业英语,获得在学术或职业领域用英语进行交际的能力。

第二,英语课堂是学生通过各种英语考试的练兵场。大学期间取得英语证书是学生完成学业的必备条件,也是毕业以后进入工作岗位的敲门砖。无论学生本科毕业之后是要考研、工作还是出国留学,英语都是必须掌握的学科。英语课堂的练兵场功能就是科学系统地提高学生英

第三章 信息化时代大学英语自主学习能力培养的理念

语水平、提高应试技巧、创造竞争环境,督促学生全身心投入英语学习中来。

第三,大学英语能增进学生对不同文化比较鉴别的能力。大学英语是一门人文学科,人文性指的是大学英语教学要让学生了解国外的历史与文化,增强对不同文化的理解能力以及对中外文化异同的比较能力。人文性的核心是以人为本,弘扬人的价值,注重人的综合素质的培养和全面发展。在大学英语课堂中,学生可以交流思想、拓宽眼界、培养审美、提升人文素养。

第四,大学英语课是课程思政的重要组成部分。习近平总书记在全国高校思想政治工作会议上强调:要用好课堂教学这个主渠道,各类课程都要与思想政治理论课同向同行,形成协同效应。大学英语课程,作为一门公共必修课,理应把立德树人放到重要的位置。

二、大学英语教学价值引领的核心内容

(一)思想品德教育

当前的英语教学中,要求将思政教育融入其中,这就凸显了思想道德教育的意义。当然,在家庭教育中,思想品德教育也是其重要的内容,包括学生的世界观、人生观、价值观等。因此,每一个家庭都需要努力提升自己孩子的思想道德水平,家长可以与自己的孩子进行交流,引导他们构建自己的道德意识,发挥他们的道德情感,提升他们的道德行为。

(二)社会适应能力教育

大学生进入大学之后,就意味着已经向社会迈进,因此要求他们在社会这个大环境下能够与他人展开交流、与社会环境协调,从而提升自身的综合素养。这是一种综合能力,与大学生个人的前途与命运休戚相关。因此,家长应该引导孩子多与他人接触,恰当处理与他人的关系,从而能够与社会环境相适应。

(三)身心健康教育

在大学生家庭教育中,身心健康教育非常重要,也是现代人才的根本要求。当前,大学生的身体素质并不乐观,因此家长应该努力培养他

们的健康意识,让大学生明确身体是革命的本钱,只有身体健康了,才能更好地进行学习、走向社会。

(四)爱和生命教育

教育的终极目标在于让每一个生命都能健康发展。对大学生展开爱和生命的教育,可以将大学生的生命热情激发出来,引导他们对生命有正确的认识,能够珍爱生命、珍爱自己、珍爱他人。因此,家长应该创造平等、民主、和谐的家庭氛围,让大学生感受到生命是多么的美好,从而更好地尊重生命。

(五)情感教育

一个人经受过情感教育,他往往善于与他人沟通交流,能够唤起他们对生活的热爱。如果一个人没有经过情感教育,往往比较自大、自卑。大学阶段是大学生情感走向成熟的阶段,因此家长应该好好把握,引导孩子培养有责任、自豪、信任、安全的情感,让他们学会控制自己的情感、学会表达,从而形成健康的情感。[①]

三、坚持对学生价值引领的措施

要想坚持对学生价值引领,除了需要社会的积极支持,更重要的是需要将大学生的主体作用发挥出来,积极建构自身的心理资本,提高自身的英语学习兴趣和积极性,从而激发自身的英语学习动机。具体来说,可以从如下几点着眼。

(一)创设积极的学习体验,增强学生的自我效能感

首先,大学生应该创设条件,让大学生获得积极的学习体验,教师、辅导员等可以组织学生积极地参与一些社团活动、支援行动等,让他们在不断的体验中感受成功的喜悦,重新建构自己的信心。

其次,大学生可以不断进行模仿或展开替代学习,从而提升自身的自我效能感。通过一些本身学习的学生,经过自身的努力改变之后的典

---

① 龚芸.高职学生学习倦怠问题研究[M].北京:北京理工大学出版社,2015:87.

第三章 信息化时代大学英语自主学习能力培养的理念

型案例,让其他大学生意识到这些人和自身的情况相似,从而增强自身的自信心和韧性。

最后,教师要不断给予学生一些鼓励与认可。一般情况下,一些本身英语学习的学生,他们的优势往往被缺点掩盖住了,因此教师应该发现这些学生身上的闪光点,并且将这些闪光点放大,也就是说教师应该多给予学生积极正面的鼓励和评价。

(二)合理设置学习目标,保证学习计划的顺利执行

要想改善大学生自身的英语学习情绪,就必然要给予他希望。如果一个人没有希望,那么他就很难有积极的信念与态度,也看不到未来,因此很难提升自我。因此,要不断提升大学生的希望水平,这是非常重要的。

首先,要合理设置学习目标,以大学生的就业导向等为依托,帮助学生建立科学的职业生涯规划,为自己的人生定好方向。在这一基础之上,从学生的实际情况出发,设置一些近期的学习目标,并且设置的目标应该具有可行性与挑战性,这样才能将学生的学习潜力激发出来。

其次,将目标进行拆分,分步骤来实施计划。具体来说,将自己设定的目标拆分成一些小的目标,然后根据自身的情况来执行这些小的目标,这样可以提升目标的可行性,增强学生学习的动力与积极性。

再次,及时奖励学生。也就是说,当教师看到一些英语学习的学生出现了积极的转变时,应该给予他们褒奖,这样才能让他们充满希望。

最后,应该提供必要的社会支持。很多时候,英语学习的学生在英语学习过程中往往会遇到学习障碍与困境,这时候就容易产生挫败感,因此学校、家庭应该给予学生支持与必要的支援,帮助他们渡过学习的情绪难关。

(三)学会积极地归因,培养自身的乐观精神

要想培养英语学习学生的乐观心态,可以从如下两点着手。

第一,让英语学习的学生能够接纳自己的过去,尤其是自身过去的失败与缺点。当然,对过去失败与缺点的接纳,并不是让学生逃避责任,而是对自身的失败进行客观的看待,不能因为自身一时的失败就否定自己,应该将这些失败与缺点看成自身前进的动力,积极寻找应对失败与

缺点的对策。

第二,让英语学习的学生能够珍惜当下,学会积极寻找原因。英语教师、辅导员等应该积极与英语学习的学生进行谈话,引导他们认可当前的积极方面主要归因于自身稳定的因素,让学生不再沉溺在消极的层面,将目标转向积极的层面,从而提高他们对英语学习的预期。

(四)积极地展开实践,增强学生自身的韧性

对过程进行关注是增强英语学习学生韧性的关键。具体来说,主要可以从如下几点着眼。

首先,积极积累韧性资产。所谓韧性资产,涉及心理资产、人力资产、社会资产三大层面。其中心理资产就包含个人的勇气、个人的意志力等;人力资产主要包括个人的知识与能力;社会资产主要包括个体的人际关系网。对于英语学习学生来说,一些高等院校往往采用刚柔相济的举措,一方面从制度上对他们进行督促,另一方面要为学生的改变提供契机。例如,英语教师对课堂进行严格的控制,加强对英语学习学生的考勤监督;学校创设一些英语补习的课堂,加强对英语学习学生的辅导;学校努力促进同辈学生彼此之间的互帮互助,建立朋辈辅导;家庭应该摒弃"学生进入大学就放任不管"这一态度,不断了解自己孩子在大学的情况,与学校共同参与到大学生的教育之中,帮助学生养成良好的学习习惯。

其次,增强英语学习学生的自我管理能力,学会对韧性危害进行规避。一方面,英语教师、辅导员应该帮助英语学习学生掌握一定的时间管理技巧,提高学生的时间管理能力,让他们能够协调好自身的学习与生活的各种关系。另一方面,英语教师、辅导员可以通过一些拓展活动,对英语学习学生的意志力进行磨炼,加强他们的自我调节能力,对自己的英语学习情况进行改善。

最后,树立积极的信念。当学生遇到学习挫折的时候,应该引导英语学习学生将挫折、困难等视作自身成长的一个重要方面,不应该退缩,而应该积极面对,对自己遇到的各种问题想办法解决,直到克服自身的英语学习不良情绪。

第二节 贯彻以学生为中心的教学理念

一、激发学生英语学习兴趣

兴趣是人们对某物进行认识或者对某项活动非常喜爱所产生的积极情绪色彩,是推动人们展开活动的积极因素与活跃动机。众所周知,兴趣是最好的教师,是学生能够获得知识并取得成功的前提和基础。一个人只有具备浓厚的兴趣,才能激发他们主动参与到学习之中。并且,一些学者认为,学生对英语这门课程是否喜欢,是影响学生焦虑的一个重要层面,因此在大学英语教学中,教师要努力培养学生的学习兴趣,这样可以避免他们产生焦虑的心态,从而不断提升学生的英语学习水平。

(一)建立和谐的师生关系

教师和学生应该努力建构和谐的关系,因为这种和谐融洽的关系有助于学生形成对教师的好感,从而愿意投入英语学习中。在大学英语教学中,如果教师表现出热心、尊重,这样会让学生产生一种情感依附,从而会不自觉地向着教师期盼的方向进步。

在教学中,教师还需要掌握批评的艺术,即尽量将批评与表扬结合起来,这样才有助于维护学生的自尊心,适当采用委婉的语气,对学生的错误进行指点,从而帮助学生改正错误。需要指出的是,教师应避免使用简单粗暴的批评手段。

(二)创设生动的教学情境

在大学英语教学中,教师不应该采用单一的教学手段,而应该采用直观、与大学生心理发展规律相符的教学手段,这样可以将学生英语学习的积极性激发出来。教师需要巧妙运用实物,尤其是将教学环境中的人、事物等都能充分利用起来,对课堂教学加以组织,让教学内容更加形象生动,这样便于学生学习与记忆内容。

另外,教师还需要对教学内容的脉络进行把握,将复杂的知识转化成简单的语言传授给学生,并采用不同的手段,尽量与现实贴近展开教学,保证教学内容的新颖性,通过吸引学生的注意力,让学生对英语学习产生兴趣。

(三)融入丰富的课外活动

对于大学英语教学来说,课外活动属于一种辅助,是课内活动的延伸。课外教学与课堂教学紧密结合,并不是要求课外教学重复课内教学的内容。搞好课外教学,有助于提升教学水平和质量。基于英语这门学科的特点,从课外教学活动出发,教师应该为学生创设条件,让学生主动参与到课外实践之中,真正地调动起英语这门学科所附带的活跃性,让英语学习更加真实,具有动感。

当然,英语课外活动的形式多种多样,如唱英文歌曲、参加英语角等,同时,为了更加调动学生英语学习的积极性,教师也可以定期举办英语演讲比赛。当然,在举办活动时,教师应该加强监管,不能放任自流,要做好活动规划,并不断对其进行调整,以保证活动更加有效。

(四)借助多媒体教学手段

多媒体技术是一项极富潜力的教学模式,自出现以来,在大学英语教学中就发挥了应有的魅力。多媒体技术集合文字、图像、视频等为一体,这就给活动增加了别样特色。在大学英语教学中,教师应该具有现代化意识,采用多媒体展开教学,充分将课件中的文字、图像等发挥出来,吸引学生的眼球,让学生愿意学、乐于学,摆脱英语学习焦虑的困境。

二、开展英语合作学习

合作学习起源于 20 世纪 70 年代,被人们认为是一项成功的教学改革,因此受到了人们的关注。合作学习主要是对课堂教学中的人际关系展开研究,将目标设计作为先导条件,让学生之间展开合作,往往采用分组的形式,最后展示结果,教师查看团队中学生的表现以及最后的团队成绩。

（一）"组内异质,组间同质"

小组内部应该保持异质,即小组内成员的水平、性格等要保证差异性,同时各个小组之间的水平不能相差太大,应该在每一组中都包含优等、中等、较差学生,因此这就需要教师在开展合作学习之前,了解每一位学生的英语水平及性格特点等,这样才能便于分配,也保证了小组之间的公平竞争。

（二）以团体成绩为评价标准

因为合作学习是以团队形式完成任务的,因此在评价标准上也应该考虑团队成绩,要求每个人在完成任务的过程中都能获得进步,这样可以在一定程度上缓解学生因为比较而产生的自卑心理。

（三）强调和谐的师生关系

在合作学习中,教师不再是活动的控制者与传授者,而是充当了任务的制订者与组织者的角色,学生也不再是倾听者,而是转变成积极的参与者,这种互动的关系便于学生消除自卑感与胆怯心理。

（四）建构互助互爱的生生关系

除了师生关系的和谐,通过合作学习,学生与学生之间也保持一种和谐的关系。因为每一名学生的知识结构、智慧水平、个性特征都存在差异,而合作学习恰好能够使这些不同的学生相互启发与交流,从而彼此补充、共同提高,这大大减少了学生与学生之间因为不和谐带来的紧张气氛,从而不断提升学生英语学习的水平。

（五）采取小组纠错、同伴纠错

对待语言错误,教师应该适当放手,让小组内的成员自行进行纠错,这不仅能增强学生的自信心,还能使他们降低焦虑情绪,同时还可以让学生更多地使用语言。

三、培养学生学习自尊自信

在英语学习的影响因素中,负评价恐惧是其中仅次于考试的一个层面,主要表现在课堂上怕教师提问自己,即便提问自己又担心自己回答不好而受到教师的批评。负评价恐惧主要源自学生对自己的不自信、对自己学习的不自信,这些都是受自己自尊心的影响的。学生产生学习焦虑,往往与自身的自尊、自信有着紧密联系,这就需要教师采用恰当的手段,对学生的自尊心进行保护,同时努力培养学生产生自信心。

(一)合理纠正学生的错误

在英语学习中,教师需要明确:学生在回答问题时出错是难免的,如果学生答错,教师应该从保护学生自尊心的角度入手,不要刻意纠错,尽量减少对他们错误的纠正,同时寻找恰当的纠错手段。当学生的自尊心得到了保护,那么他们会将内心的欲望逐渐释放,慢慢跟紧教师的步伐,与教师达成一种默契。当然,要想保证纠错方式有效,需要考虑如下几个因素。

第一,考虑学生的个性特征,如果学生是敏感性格,那么尽量减少对学生本身的评价,而是针对问题展开评价,避免学生产生心理负担。如果学生比较内向,尽量避免在公共场合纠正学生的错误,而尽量单独与学生进行交流。

第二,考虑纠错的时间、地点以及教师纠错的语气。教师在纠正错误时尽量选择在轻松的氛围中纠正,对于个别学生突出的问题,教师避免在公共场合纠正,应该选择课后进行纠正。对于学生普遍存在的问题,教师可以在课堂上指出。

当然,为了对学生的自尊心进行保护,教师除了要纠正学生的错误,还需要多进行表扬和鼓励,挖掘每一名学生的优点,并且有意识地放大学生的优点,这会让学生感受到自身在学习中的价值,从而将这种情绪扩展到英语学习中,促使自己获得良好的英语学习效果。

(二)培养学生的自信心

学生自信心的增强,可以帮助学生战胜学习焦虑。根据实践显示,如果学生的自信心较强,他们的学习焦虑感会比较低,他们不会受到外界因素的影响,便于将自身能力与水平充分发挥出来,同时让学生认识到自身具有某项能力,也有信心将英语这门语言学好。

一般来说,要想提升学生的自信心,可以从如下几点着眼。

第一,对学生寄予合理的期望。因为期望较低,学生的自尊心也较低,更不用说自信心了。当然,如果期望过高,学生很难实现,也会挫伤他们的积极性,让他们变得更加忧心忡忡。因此,教师要设定合理的期望,从学生的智力水平、能力需求出发,让学生自己相信自己能行。

第二,让学生感受到成功的喜悦。在课堂上,教师应多多鼓励学生,并从问题的难度考量,提问学生,然后鼓励与表扬学生,这样可以进一步帮助他们建立自信。

四、缓解学生学习与考试压力

一般来说,造成学生焦虑的最主要原因就是考试。所谓考试焦虑,即学生在考试之前感受到一种威胁或者在考试的刺激下引起某些不安,是与注意、认知评价等紧密关联的一种紧张、恐惧情绪。

由于我国学生都是在汉语教育背景下长大的,很多学生的学习焦虑源自各种考试,当然英语学习也是如此。而且,进入大学之后,全国大学英语四级考试也使学生更为焦虑,因为很多学校要求四级考试与学生毕业挂钩。但是因为学生焦虑,导致他们的考试结果并不理想,并且严重影响了学生的身心健康。因此,教师应该对学生进行心理疏导,帮助学生进行学习与考试,将学生的积极性发挥出来,提升学生的心理素质,促进学生的全面发展。这里教师就充当了一名"心理咨询师",具体来说,教师应该指导学生做到如下几点。

(一)形成正确的应试动机

教师应该引导学生形成正确的应试动机,明确考试的意义何在。心理学家说过:"人的认识会对人的情绪产生直接的影响,如果信念不合理,会导致情绪不良或者产生不适应性行为,进而产生心理问题。"因此,教师应该帮助学生端正对考试的态度,树立正确的应试动机,勇于面对各种考试,放松自己的心情,使自己的思维达到最好的状态,这样才能取得理想的成绩。

(二)培养良好的人格

人格不良,往往导致心理紧张、考试焦虑。因此,教师应该组织学生参加各种有益身心的活动,锻炼学生的意志,培养他们形成良好的人格,提高学生的心理素质,尤其是那些具有竞争性的比赛,如演讲比赛等,通过这些活动锻炼学生的能力,提升学生的应变能力,这可以有效减轻学生的焦虑。

(三)树立良好的考试信心

有些学生在考试之前往往容易紧张,总是担心自己准备不充分,无法取得好的成绩,这就让自己的心理产生恐惧,反而更容易考试时一团糟,成绩也不尽如人意。因此,教师应该列举一些英语学习的成功案例,对学生进行引导,帮助学生树立考试的信心,帮助他们卸下心理包袱、稳定自身情绪,保持平常心。如果学生在考试时不自主地紧张,应该学会自我调控,自我暗示自己能行,自己给自己打气,相信自己一定可以取得优异的成绩,这些形式都是为了降低自己考试之前的焦虑。

第三节 重视学生的学习风格与动机

一、重视学生的学习风格

第二语言学习风格具有与其他学科学习风格相同的共性,这主要反映在不少学生有以下两种互相对立的风格:一是注重个别现象(field independence)的分析型(analytic)与注重各种现象之间联系(field dependence)的整体型(global)。前者有时见木不见林,后者则不善于注意事物的细节。二是有些人是深思熟虑、喜爱猜测与推断的思考型(reflective),而另一些人则是快速反应与冒险的冲动型(impulsive)。前者对问题的看法往往比较全面与深刻,后者则常以对问题反应迅速而取胜。

第三章　信息化时代大学英语自主学习能力培养的理念

20世纪70年代中期以后,对学习风格的探讨又发展到注意学习者外部的特点,将它们分成四种基本的学习方式,学习者习惯于分别通过以下4种渠道进行学习:视觉型(visual learning),如阅读和看图表等;听觉型(auditory learning),如听录音、听人讲解等;经验型(kinesthetic learning-experiential learning),如亲身经历等;制作型(tactile learning-hands-on learning),如制作模型、进行实验等。

上述对认知风格的探讨也适用于第二语言学习风格的分析。随着研究的深入,对第二语言学习风格的分类逐渐具有自身的特点。目前已探讨了下列4种第二语言学习的风格:

外向型与内向型。前者思想感情外露,喜爱发问,语言表达迅速,善于交际及与人合作;反之,后者喜爱独自思考,不轻易流露内心的感受与想法。

冒险型与腼腆型。冒险型的学生喜爱猜测并很快下结论。他们急于学习新的难度大的语言材料,在语言练习中不怕犯错误,而腼腆型的学生则按部就班地消化语言知识。他们顾虑较多,因而羞于提问。回答问题时追求完美,对迅速接触大量的语言材料感到不适应。

主导型与无主见型。前者爱征服语言难点,在集体活动中发言多,意见强烈,不轻易放弃自己的观点。后者发表意见时吞吞吐吐,对自己的观点信心不足,常改变自己的看法。能积极参与集体活动,但希望有人出面领导与组织。

社交型与自我型。社交型的学生广交朋友,主动寻找机会与人交流。积极倡议与参加集体活动,并能与不同性格的人相处。自我型的学生相信自己的学习方法与语言知识,喜爱独自完成工作与学习任务。

总的来说,一般语言研究者都认为,外向型、冒险型、主导型与社交型的学生学习第二语言成效较高,而内向型、腼腆型、无主见型和自我型的学生则不易学好第二语言。但是对于后者绝不能歧视,而应采取正确的方法进行引导,发扬他们的长处,克服弱点。

学习层面,学生往往表现出很大的差异性。那么,这些差异是怎么形成的呢?如何将学生的差异缩小呢?教育心理学家与教育工作者对这些问题进行了深入研究。尤其是20世纪60年代开始,学者布鲁姆(B. S.

Bloom)对这些问题着重进行了探究,提出了"三大教学变量"这一理论。[①]

(1)先决知识行为,即学生要想完成学习自身所具备的条件的程度。

(2)先决情感特点,即学生能够被触动而完成学习的程度。

(3)教学质量,即教学与学生相适应的程度。

在布鲁姆看来,上述三大变量对学生的学习成绩、学生的学习进度、学生的情感等起着决定作用。具体来说,三大变量与教学结果、学习结果之间的关系如图3-1所示。

在这里,布鲁姆强调的是,在学习中,任何一项学习任务都是与前面一个学习任务紧密相关的。先前的学习经验不仅有助于学生知识的掌握,也有助于学生情感的形成。也就是说,不能舍弃学生的先决认知行为,也不能放弃学生的先决情感特点。

什么是先决情感特点?其指的是学生受到鼓励之后参与学习的程度。在学习中,学生的情感对学习非常重要,如果学生带着热情展开学习,那么他们学起来会非常轻松,并且能够取得好的成绩。那么,如何培养学生积极的先决情感呢?其关键在于让学生在学习中获得成就和满足,具体而言可以从如下几点着眼。

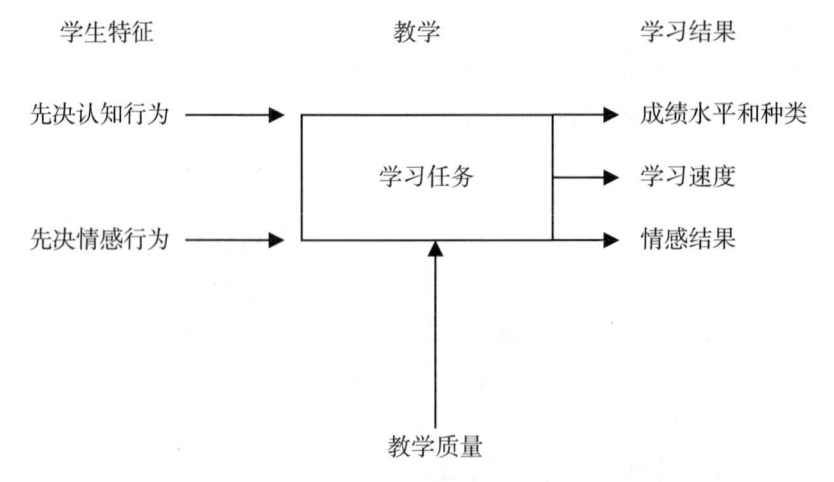

图3-1 布鲁姆的三大变量与教学结果、学习结果的关系

(资料来源:文卫平、朱玉明,1998)

[①] 黄志成.布鲁姆对影响学习的变量的系统研究综述[J].外国教育资料,1990(4):31-39.

第三章　信息化时代大学英语自主学习能力培养的理念

（一）获得成功的学习经验

在英语学习中,教师应该引导学生学懂、学会,鼓励学生创造积极的、定向的、与自身实际符合的自我概念与志向,让他们体会到获得成功的感觉。很多学者都认为成功的经验对于英语学习非常重要。如果学生刚开始英语学习就遇到了失败,那么他们有可能丧失英语学习的兴趣,也很难展开进一步的英语学习。因此,获取成功的英语学习体验是非常重要的。为了感受到成功,学生需要设定切合实际的目标,具体而言教师需要做到如下几点。

第一,设定学生可以达到的目标或者学生自主选择的目标。

第二,得出结果后着重积极层面的介绍和强调。

第三,鼓励学生对自己的英语学习进行指导。

第四,教学中鼓励自我竞争,减少个别的对比,允许学生设定自己的目标。

（二）唤起学生的好奇心

教师可以通过创设情境,让学生发现英语学习兴趣,亲身在英语学习中获取成功,这样有助于提升学科的吸引力。一般来说,一些身体力行的活动、调查研究活动、生活中的情境等都可以吸引学生的注意力。当然,教师在设置任务时,一定考虑那些积极的且能够融合探索、调查、社交等内容的方法。同时,也可以从学生的爱好出发成立兴趣小组,如语法组、翻译组等,这些可以将学生的潜力开发出来。

（三）让学生明确自身目标

让学生弄清楚自己要做什么,如何做才能实现目标。就动机而言,目标的设定应该是学生能够理解并且能短期完成的。但是,目标的设定要适当。如果目标设定太高、太难,那么学生就会丧失英语学习的兴趣,因此教师在设定远期目标的时候,应该在过程中设定一些小的近期目标。

二、激发学生的英语学习动机

（一）激发内在动机

当前，普遍认为比较有效的动机策略不仅包括内在动机策略，也包括外在动机策略。但是，从一定条件来说，外在动机可以转化成内在动机，因此教师将内外动机结合起来，可以更好地激励学生。具体来说，教师可以从如下几个层面激发学生的内在动机。

1. 激发学生的兴趣

在教学中，学生具备浓厚的英语学习兴趣，有助于他们投入英语学习中，也决定了他们的英语学习能否获得成就。海德等人提出了兴趣培养的四阶段模式，如图3-2所示。

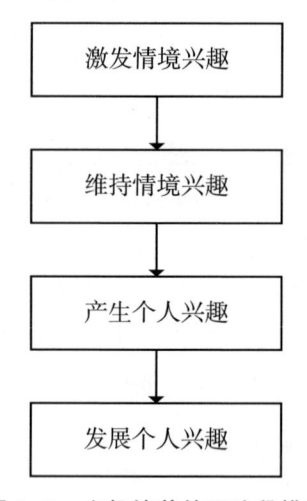

```
┌──────────────┐
│  激发情境兴趣  │
└──────┬───────┘
       ↓
┌──────────────┐
│  维持情境兴趣  │
└──────┬───────┘
       ↓
┌──────────────┐
│  产生个人兴趣  │
└──────┬───────┘
       ↓
┌──────────────┐
│  发展个人兴趣  │
└──────────────┘
```

图 3-2　兴趣培养的四阶段模式

（资料来源：王志敏，2014）

阶段1：情境兴趣的激发

所谓情境兴趣的激发，即认知或者情感短期改变产生的一种心理状态。一般来说，一旦情境兴趣被成功激发，就可能持续一段时间，只不过持续的时间可能较长或者较短，并且这种情境兴趣也有助于学生建构自己的英语学习内容。要想激发情境兴趣，除了依靠外部因素，还可以通过小组活动、电子设备等。

阶段2：情境兴趣阶段的维持

所谓情境兴趣阶段的维持，即情境兴趣激发产生的一种心理状态，其往往是较长时间内持续的一种心理倾向。其往往需要借助教师或者其他同伴的支持，使得情境兴趣得到加强和维持。当然，也不能仅仅依靠外部力量，学生自己也需要创造环境和条件，如参加一些小组活动。

阶段3：个人兴趣阶段的产生

所谓个人兴趣阶段的产生，实际上是一种心理状态，即对某一特定内容产生持久的兴趣。要想形成个人兴趣，学生需要对英语学习内容予以高度重视，无论外部是否给予支持，学生都需要投入英语学习之中，并对自身学到的知识进行巩固。同时，学生在英语学习过程中发现自身的问题，找到适合自己的英语学习行为，对更多信息进行积累。在这一阶段，学生更多是自发形成，虽然有很多外部条件的支持，但是更多的都是个人的调节与反思。

阶段4：个人兴趣的发展

所谓个人兴趣的发展，同阶段3一样，是一种心理状态，也是对某一特定内容的专注。在这一阶段，个人兴趣得到不断的强化，并且除了提出问题、对英语学习进行自我调节外，还能够克服困难，发挥自身的主观能动性。当然，在这一阶段，外部环境、专家等的引导也有助于个人兴趣的发展。

（1）英语教学中情境兴趣的激发和维持

在英语教学中，教师可以通过选择教学材料、设计英语学习活动、利用信息技术等，将学生英语学习的兴趣激发出来。

在选择教学材料的时候，教师应该坚持三个因素：连贯性、生动性与细节具有吸引力。所谓连贯性，即要求材料内容连贯、结构清晰，这不仅便于学生理解，而且容易吸引学生的兴趣。所谓生动性，即语言较为形象、内容更为新颖，如果材料能够提供新颖的知识，减少生僻的语言，很容易让学生觉得有趣。所谓细节具有吸引力，即尽量选择能够吸引学生注意力的内容，如爱情、友情等话题。

在设计英语学习活动时，应该将听、说、读、写、译各项技能考虑进去，并且可以听说结合、读写结合、读译结合等两两结合，不仅有助于学生提升自身的语言综合能力，还避免了英语学习的枯燥性。另外，活动形式应该多样，如角色扮演、小组讨论等。

（2）英语教学中个人兴趣的培养和发展

在英语教学中,教师应该从学生的需求出发,激发学生的好奇心,为学生提供必要的指导。只有从学生的需求分析入手,教师才能将学生的英语学习兴趣调动起来。当然,关键是选择适合的英语学习活动的主题,这些主题能够激发学生的英语学习兴趣,当然不是说所有的全新主题就能激发学生的好奇心。很多时候,学生对某些熟悉主题的某些方面会产生好奇心,这些好奇心就促使学生探索新问题、获取新信息。

在好奇心的驱使下,学生开始寻求解决问题的方法。具体来说,可以从如下几点着眼。

第一,英语学习之前,首先进行思考,对需要解决的问题加以确认。

第二,对与问题相关的所有事实进行确认。

第三,对问题进行解决。

第四,进行思考,对于问题的结论也不能草率地做出。

第五,多思考一些问题的解决方法。

第六,如果被问题难住,不应该退缩,应该继续思考。

第七,对于一些不太可能的想法,也应该着手去分析,设定其是可能的,并着手分析。

第八,对问题中困惑的细节应该留意。

总结起来,其中主要是要求学生应该多进行独立的思考,教师在其中应该发挥指导的作用。当然,指导不是代替,而是给予帮助,让学生能够承担自身的英语学习任务,应该适度。也就是说,如果学生遇到困难,不是立即伸出援手帮助学生解决所有麻烦,而是应该让学生先尝试解决,然后在合适的时候给出提示和帮助。

2. 满足学生能力需求

如果学生相信自己能够胜任某项任务,那么他们就会愿意去做、去承担。学生的能力需求需要从多大程度得以满足,需要考虑多个因素,如英语学习任务的难易程度、学生自身先前的英语学习经历、学生自身具备的英语学习水平等。当然,英语学习任务的难易程度应该与学生自身的能力水平相符,能够让学生胜任这项活动,同时也需要具备挑战性。如果任务过于简单,那么会降低学生的成就感,很难提升学生的自我效能感。

第三章　信息化时代大学英语自主学习能力培养的理念

努南(Nunan,1989)对影响任务难度的因素进行了分析,具体如图3-3所示。

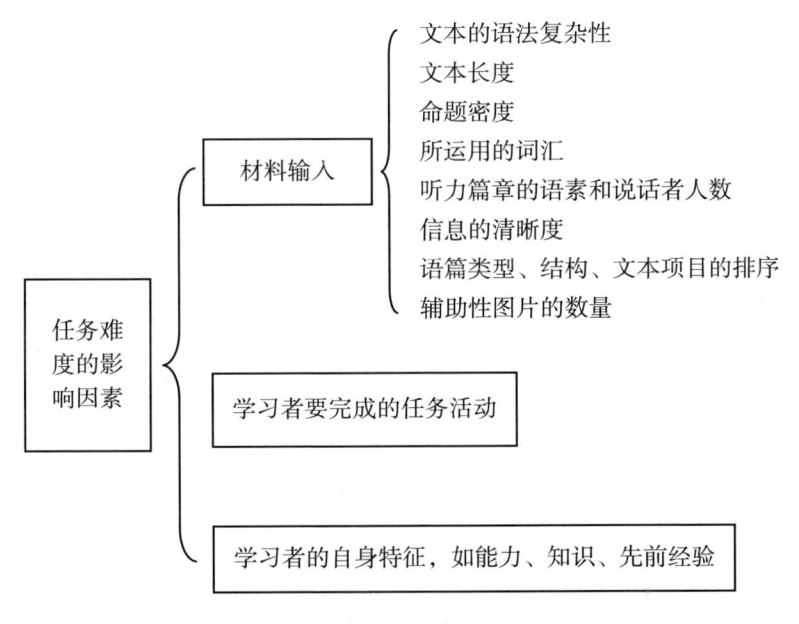

任务难度的影响因素
- 材料输入
  - 文本的语法复杂性
  - 文本长度
  - 命题密度
  - 所运用的词汇
  - 听力篇章的语素和说话者人数
  - 信息的清晰度
  - 语篇类型、结构、文本项目的排序
  - 辅助性图片的数量
- 学习者要完成的任务活动
- 学习者的自身特征,如能力、知识、先前经验

图 3-3　努南的任务难度的影响因素

(资料来源:王志敏,2014)

布林德利(Brindley,1987)认为,除了学习者要完成的任务活动本身以及学习者的自身特征,任务难度与教师也有着密切的关系。在布林德利看来,任务难度的影响因素主要有如下几种,如图3-4所示。

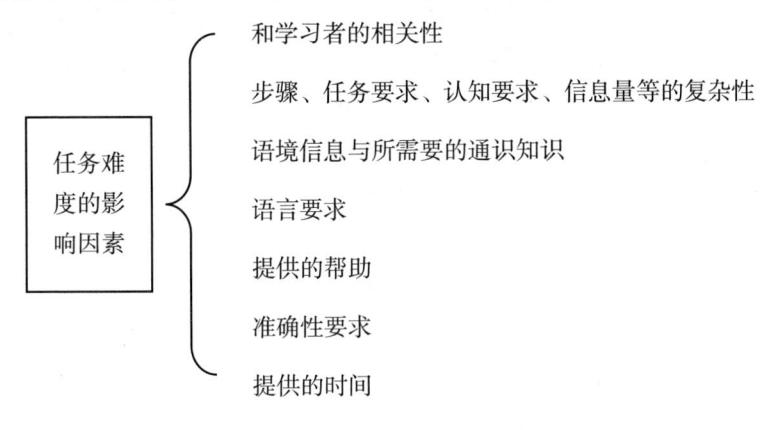

任务难度的影响因素
- 和学习者的相关性
- 步骤、任务要求、认知要求、信息量等的复杂性
- 语境信息与所需要的通识知识
- 语言要求
- 提供的帮助
- 准确性要求
- 提供的时间

图 3-4　布林德利的任务难度的影响因素

(资料来源:王志敏,2014)

通过分析这些影响因素,我们知道教师应该尽可能选择那些与学生知识、能力水平相当的材料,如果任务材料的难度较大,教师可以设计一些简单的任务,并且为学生提供一些帮助和指导,或者给予学生充足的时间准备。反之,如果任务难度较低,应该适当增加难度,或者让学生独立完成,或者缩短学生完成任务的时间。

当然,学生如果对自己丧失信心,在面临困难的时候,他们很容易焦虑,这种焦虑必然会导致兴趣的下降、自信心的不足。因此,教师应该创设愉快的学习氛围,对学生的焦虑感加以缓解。另外,教师还要避免对学生进行优劣的对比,避免伤害学生的自尊,应该引导学生对英语学习内容多加关注,从而帮助他们掌握知识和内容。

3. 满足学生归属需求

所谓归属需求,即学生需要与他人建立一种愉快的关系,从而使自己获得归属感。在英语教学中,对学生归属感的满足,要求教师与学生建构信任、和谐的关系,并通过小组凝聚力,促进学生之间的团结相处。

教师的亲和力,能够将师生之间的距离拉近,促进师生之间更加和谐。常见的教师亲和力主要体现在语言行为与非语言行为两个层面。其中语言行为涉及风趣的言语、亲切的问候、真诚的赞美等;非语言行为涉及教师与学生的目光交流、教师的微笑、生动的手势语等。

虽然大学英语课堂中,学生人数较多,教师仍旧需要花费一定的时间,争取在短时间内记住学生,这样直接呼喊学生的名字也可以拉近与学生之间的距离,总比"那位靠窗户的同学"这样的言论更加尊重学生。同时,在课下,教师也要利用机会与学生进行交谈,增进对学生的了解,同时主动与学生分享感悟与经历,让学生对自己有所了解和熟悉。

通过实际行动,教师应该表达对学生的关心,具体的做法如下。

第一,提供给学生一些具体的帮助。

第二,给予一些个别的学生以辅导,为学生解答困惑。

第三,学生需要帮助的时候,教师应该立即回应。

第四,教师应该及时批阅学生的试卷。

第五,教师应该定期给学生发送一些有趣的、与英语学习内容相关的文章。

第六,组织学生开展课外英语学习。

第七,当学生英语学习不顺利时,教师应该给予特别关注。

从分析中可知,教师只有付出真心,才能换回学生的爱戴。当然,除了师生之间的关系,生生之间的关系也非常重要,只有生生之间能够互助合作,才能形成一个具有凝聚力的小组或者班级。为了让学生之间互相了解,教师可以组织一些"破冰行动",让学生彼此记住名字,交换个人的信息,之后可以提供一些机会,通过一些任务,加深学生之间的了解。教师可以设计一些小组任务,并让小组内部展示成果,提升学生的集体意识;也可以创造机会,让学生共渡难关,接受挑战等。

(二)激发外在动机

要想激发学生的外在动机,教师应该让奖励成为激励、让表扬更加有效、以批判温暖人心。

1. 让奖励成为激励

究竟奖励对英语学习动机是起到正面的作用还是负面的作用,目前学者仍在展开研究。一方面,奖励被认为能够激发学生的英语学习动机,也是最为直接、简单的手段,不仅能够吸引学生的注意力,让学生努力学习英语,还能够激发学生的兴趣。另一方面,很多学者认为,外部的奖励只不过是在控制学习者的行为,而不是激励学习本身。学习者对奖励的关注多于对学习过程的关注,很容易导致自身的学习效能降低与学习动机下降。

笔者认为,其实奖励没有对错之分,能否对学生的英语学习起到激励作用,关键在于教师采用何种方式实施奖励。只要教师的奖励得当,将奖励可能引发的负面影响尽量消除,就可能有效发挥奖励的作用。

英语学习往往需要经过反复的操练,这就需要学生具有一定的耐心和恒心。教师可以给予学生一定的物质奖励,尤其是那些一直努力的学生,让他们得到鼓励,就能调动他们英语学习的积极性。当然,这种奖励也需要控制数量,不能过于频繁。这种常规的奖励往往是对学生英语学习态度的奖励,对于那些复杂的英语学习任务,应该从完成的结果与情况考量。如果是小组活动,教师在进行奖励时应该考虑整个小组,而不是个人。当然,教师还可以对学生的课外英语学习进行奖励,这样可以鼓励学生多进行课外英语学习,如课外阅读、课外写作等。

教师奖励的标准应该透明,即让学生知道有奖励,并且学生也认可这种奖励。奖励的尺度不应该过大,以免对于教师、学生来说都有过大的压力,违背了奖励是为了促进学生的英语学习这一初衷。教师可以赠送一些小礼物作为奖励,很多人说这不是给中小学学生的吗?其实并不是,对于大学生来说,一份小小的礼物也能打动他们的内心,让他们感受到教师的关爱,并且与教师的隔阂不断缩小,产生一种亲近感。

2. 让表扬更加有效

学生都希望得到教师的表扬,教师也希望通过表扬让学生的英语学习能够蒸蒸日上。但是,作为一种激励手段,表扬并不是像我们想象的那么简单。恰当的表扬能够增加学生的自信心,培养他们的进取意识;如果表扬不恰当,反而会出现适得其反的结果,甚至失去英语学习的兴趣和积极性。

当然,教师何时表扬学生、如何表扬学生,需要依据一定的标准。

首先,表扬应该有标准和条件,教师应该对那些真正付出努力的、取得英语学习进步的学生进行鼓励。那些随意的表扬,显然不会起到激励的作用。当然,这并不是说只有那些成绩突出的学生才能获得表扬,一些学生本身基础薄弱,取得了一定的进步也应该受到表扬。当然,教师也不能仅仅因为学生参与了任务就大肆对他们进行表扬,而是应该关注他们在任务完成过程中的实际表现。

其次,表扬应该是具体的、真诚的。在表扬学生的时候,教师的语气应该自然,让学生感受到教师的赞扬是发自内心的。当然,表扬的内容要具有实质性,不能仅仅是"真棒!""很好!"这些简单的话语,应该告诉学生他们哪里棒、哪里好。只有具体的表扬,才能打动学生的内心,让学生感受到教师是时刻关注他们的,也希望他们能够不断进步。

3. 以批判温暖人心

批评和表扬看起来是对立的两个方面,实际上有着异曲同工的作用,都是教师激励学生的手段。与表扬一样,批评如果运用得当,也会对学生起到一定的激励和鞭策作用。如果批评不当,很可能导致学生的自尊心和自信心受挫,引发学生对教师的抵触。虽然批评不如表扬那般受到欢迎,甚至很多学生认为批评是丢脸的,是很不愉快的经历,但是教师恰当的批评也能够传达出"我很在意你""我不放弃你"的意思,这就能够发挥出批评的正面积极意义。

当然,在批评时,教师需要注意如下几点。

首先,教师要告诉自己批评的目的在于促进学生的进步,而不是对学生进行惩罚。因此,批评应该是从教师内心出发的,是对学生的期待,而不是为了发泄自己的情绪。教师的批评可能是委婉的,也可能是直截了当的,但是切记不要挖苦学生,不能使用暴力的语言,否则只会起到负面的作用。

其次,教师在批评学生时,应该公正、客观,只是就事论事,而不是批评学生个人,不能因为学生的某一项错误而否定学生这个人。每一名学生都有自身的优点和长处,教师应该让学生知道自己并未忽略他们的优点,只不过是希望他们改正自己的缺点,让自己的优点更加凸显,让自己更好、更优秀。

第四节 培养学生应用学习策略的能力

一、语言学习的策略

从广义上说,"第二语言学习策略"指学生为了习得、储存和随时引用语言信息而有意识和有目的地采用的具体行动和技巧。20世纪80年代末90年代初,美国阿拉巴马大学语言学家奥克斯福特发表了多篇论文,系统提出了语言学习策略应涵盖的内容:

(1)认知策略(cognitive strategies)。指使用各种规则理性地分析、综合、推断、组织与转换语言的策略,包括有意识、有计划地利用信息资源(如书籍、词典、教材等),将关键词及图表数字等进行笔录,在自然语言环境与课堂教学中自觉地吸收与使用语言结构和通过归纳和演绎联系新旧知识并陈述自己观点等策略。

(2)记忆策略(memory strategies)。采用科学方法,将通过视觉与听觉等手段获取的信息在大脑中储存、分类并随时取出。

(3)补偿策略(compensation strategies)。指对学习者的知识缺陷

进行补偿。如对语言素材的上下文进行有意义的猜测与推断,利用体态语言协助表达意义等。

（4）超认知策略(metacognitive strategies)。为了学好语言,除认知策略外,还需具备自觉学习语言的意识。如集中注意力,制定学习计划,有意识地寻找语言实践的机会,尽量运用已有知识表达思想,监控学习中的错误和不断对学习成效进行自我评估,以发扬成绩、克服缺点等。

（5）情感策略(fictive strategies)。经常自我鼓励,提高自信心。不满足于已取得的成绩,遇到困难时能主动克服焦虑、自卑与情绪低落等弱点。

（5）社交策略(social strategies)。主动与他人、特别是以外语为本族语言的人进行交流。如有意识地学习、了解和运用有关语言的社会和文化知识,多提问,与小组及班级同学合作,互相帮助和主动参与各项活动等。

奥克斯福特认为,这些策略不仅分别构成了第二语言学习策略,而且互相影响、互相作用。她的意见得到语言学界广泛的认同。学习策略对语言学习成效有极为重要的影响,有时甚至是决定性的影响。已有多项调查的结果说明,学习成绩好的学生往往在学习策略方面有共同的规律,即他们一般都能有意识地采取适合自己的策略有效地学习。而学习成绩不理想的学生也常有一个共同的特点,即他们或没有意识到学习语言应有一定的策略,因而在遇到困难时不能自我调节;或采用了不适合自己的策略而导致事倍功半。因此,20世纪90年代有关第二语言学习模式的研究包含了对学习策略的分析,将学习策略提高到影响第二语言学习成败的重要地位。

二、学生应用学习策略能力培养的措施

（一）教师呈现良好的心理素质与品质

在英语课堂上,教师除了传授给学生课程内容外,还需要投入一个看不见的内容,即品质。一名好的教师,他/她需要具备如下品质,如图3-5所示。

第三章　信息化时代大学英语自主学习能力培养的理念

教师品质（中心节点），周围连接：宽容大度、认真负责、耐心、信心、善解人意、对学生充满爱心、信任学生、严格但不严厉、一视同仁、风趣幽默、兴趣广泛、具有个性、有权威性、有控制能力。

图 3-5　教师品质

（资料来源：文卫平、朱玉明，1998）

这些品质归纳起来，可以总结为如下几个层面。

1. 高尚的情操

教师应该敬业，具有良好的职业道德，具有无私奉献的精神。尤其是当今社会，应该耐得住寂寞，经得起金钱的诱惑，讲求为学生付出，不求回报。

2. 谦虚的品质

教师不应该自大、自满，而应该具有谦虚的品质，对学生也不能颐指气使，给学生以居高临下之感。另外，教师在教学中也应该实事求是，不能装腔作势，时刻注意自己的言行，不能鲁莽，不能对学生的尊严造成损害。

3. 坚强的意志

一名合格的教师，应该目的明确、毅力顽强，当他们与学生进行接触的时候，应该富有耐心，能够将自身的涵养展现在学生面前，让学生学习与亲近。

4. 广泛的兴趣

教师应该兴趣广泛,除了对本学科孜孜不倦外,还需要对有益学生进步的东西抱有热情,如很多学生热爱音乐、体育、旅游等,教师对这些都应该有所涉猎,甚至可以将这些内容融入英语教学中,不仅有助于学生知识的增加,还有助于增进与学生的情感。

5. 愉快的心境

教师在教学中应该和颜悦色,以愉快的形象给学生以情感熏陶。同时,在教学中也应该乐观向上,课堂上保持幽默,这样才能调动起学生的积极性。

另外,英语教师的心理素质可以归纳成十种能力,如图3-6所示。

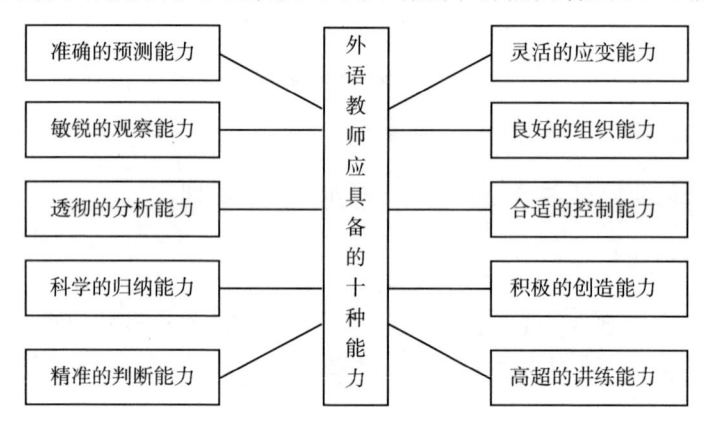

图3-6 英语教师应具备的十种能力

外语教师应具备的十种能力:准确的预测能力、敏锐的观察能力、透彻的分析能力、科学的归纳能力、精准的判断能力、灵活的应变能力、良好的组织能力、合适的控制能力、积极的创造能力、高超的讲练能力。

(资料来源:文卫平、朱玉明,1998)

英语教师只有具备这些优秀的心理品质,才能在教学中应对学生的各种心理现象,从而为学生创造积极的情感背景。

(二)教师表现出积极的态度

著名心理学家海德(Hidi)提出了态度平衡理论,如A喜欢B,那么A对于B的穿着也会表示欣赏。从这一理论中可以看出,教师在对教学内容的价值进行肯定的基础上,学生在认知"教师—教师所教学科"这一关系时,为实现平衡,往往表现为如下两种情况,如图3-7所示。

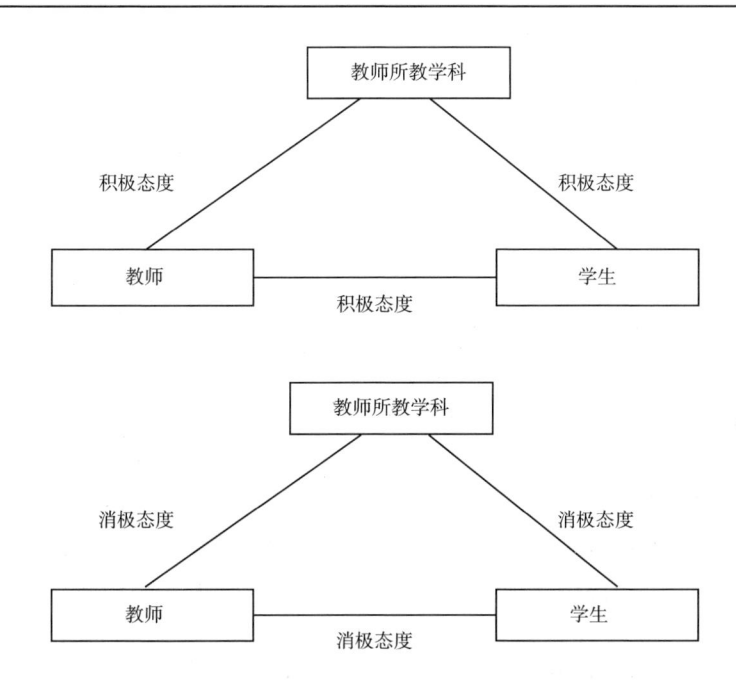

第三章 信息化时代大学英语自主学习能力培养的理念

图 3-7 教师、学生、教师所教学科之间的平衡

（资料来源：文卫平、朱玉明，1998）

从图 3-7 中不难看出，学生如果对教师持有积极的态度，那么对于教师所教的学科也持有积极的态度；如果学生对教师持有消极的态度，那么对于教师所教的学科也持有消极的态度。同样，如果教师对自己所教的学科持有积极的态度，那么对于学生也持有积极的态度；如果教师对自己所教的学科持有消极的态度，那么对于学生也持有消极的态度。可见，教师的积极态度能够对学生以及学生所持有的价值观起着直接的影响。那么，教师在教学中如何展现积极的态度呢？

首先，就是要将英语这门学科的价值尽量突显出来，让英语这门学科与学生的实际生活相联系，让学生感受到学习英语是有用的。

其次，教师努力将自身对学生的积极态度转化成学生对自己的积极态度，使学生能够接纳教师，只有接纳了，才能增进教学的效果。

（三）培养学生肯定自我

从总体来说，自我可以划分为两种：一种是肯定的自我，一种是否定的自我。前者对自我有准确的认识，积极地看待情感体验；后者对自我的认识是扭曲的,消极地看待自己的情感体验。显然,肯定的自我对于自己的发展十分重要。

学生如何培养肯定的自我呢？当然,在这之中,教师是一个重要的因素,教师可以创造条件让学生实现肯定的自我。

1. 培养学生的归属感

所谓归属感,即个体被他人接受和接纳的心理态度。从本质来讲,人是社会中的一分子,人从社会的尺度对自己进行考察与认知,当自我与他我出现分裂的时候,意识到自己脱离了社会、脱离了世界,就必然需要将自我放在他我之中。这就是自我认识的过程,当然自我认识的程度,取决于他人对自己的接纳程度。根据马斯洛的理论,人在生理与安全的需要得到满足之后,往往需要寻找归属感的群体,被这个群体接受,获得群体的关爱。归属感使人的心理得到安全,获得情感寄托,一个人的归属感越强,其更容易形成肯定的自我。

具体来说,归属感的培养需要做到如下两点。

（1）教师应该鼓励学生明确自己的角色、扮演好自己的角色。也就是说,归属感使自己更明确自己在群体中的地位,并且这个地位是由其角色扮演的成功与否决定的。众所周知,学生的学习情况与其获得的成就有着紧密的关系,并且也成为判断他/她在班级里面的位置的一个尺度。如果一个人的学习态度良好,愿意努力付出,与集体的目标保持一致,那么他/她很容易得到班级的认可,获得自己的位置。对于教师而言,无论学生的学习状况是怎样的,都需要鼓励自己的学生定位自身的角色。

（2）教师应该为学生创造多种参与活动的机会。实际上,参与的过程就是与集体相融合的过程,如果个体积极参与集体的活动,他/她也很容易融入集体之中,获得集体的认可。在英语课堂上,教师可以进行角色扮演、分组任务等,让每一位学生都积极参与,彰显每一位学生的个性和才能,让他们的潜力得到发挥。

2. 培养学生的自尊自强意识

学生如果具备自尊自强的意识,也是对自我形象的肯定。要想培养自尊自强意识,可以从如下几点着手。

（1）以成功经验作为引导提升自我观念。如果学生在英语学习中经常失败,往往会丧失学习的信心,从而影响学习英语的动力。因此,在英语课堂教学中,教师应该为学生提供成功的机会,让他们感受到成功的喜悦,从而增强自己的自信心。

（2）尊重学生的情感,避免错误的褒贬。在课堂学习中,学生的个性、兴趣等存在明显差异,学生有时候会产生不同的想法,教师应该首先对这些想法进行接纳,然后通过实证分析,让学生认识到自己的想法是否正确或者错误。需要指出的是,教师应该避免随意褒贬,因为未经过论证的做法显然会对学生造成影响,甚至一些随意的贬低会让学生丧失自我意识。

（3）提出合理的要求。当然,教师不能一味满足学生的情感需要,这样会放纵学生,应该在关心的同时严格要求学生。

第四章　信息化时代大学英语自主学习能力培养的模式

在当前信息化时代背景下,大学英语自主学习能力的培养需要依据合理的目标,并设计科学的学习任务,通过对大学生展开个性化教学,有效提升他们的英语自主学习能力。另外,教师也应建立虚拟学习共同体,优化网络教学模式,从而与时代发展紧密结合,有效提高教学效率。本章重点分析信息化时代大学英语自主学习能力培养的模式。

第一节　制订合理的教学目标,设计科学的学习任务

一、制订合理的教学目标

在学校,教学工作是核心工作,学校教学管理的重点在于构建有序、合法的管理制度,并探寻恰当的保障措施,解决学校管理的程序化、规范化问题,保证教学管理水平的提升。大学英语课程设置及课时数量、教材选择等都会对学生的学习产生影响。学校应该从社会发展、学生的实际需要出发,为大学生设置大学英语课程。大学英语属于公共基础课程,是为了辅助专业课,但是对于大学生来说,是不可或缺的一门课程。

（一）优化课程的结构设置

高校主要是为了培养学生成为应用型人才,因此要处理好专业课与大学英语课程之间的关系。

首先,要认清大学英语课程的地位和作用,找准大学英语与专业课程之间的结合点,树立大学英语是为专业课服务的理念。

其次,要发挥实训课的作用。实训课即将大学英语课堂学到的理论知识运用到具体的实践中,培养学生的实际操作能力,这与学生对英语知识与技能的掌握程度相关,其教学效果也直接影响着学生能否胜任相应的岗位。

(二)整合课程内容设置

在英语课程内容设置上,高校应该对整个课程体系与门类加以健全,对英语课程设置进行优化,提高课程的质量和竞争力。

对课程内容加以整合,并不是简单地整合教材的内容,也不是将两节课程、多节课程进行压缩,也不是对知识点进行罗列,而是整合成一个综合工程,其需要多层面的考虑,只有这样才能取得应有的结果。

在课程教材的选择上,英语教师应该选择那些从实际出发的教材,选择那些有新知识、反映学科发展趋势的教材,从而培养学生的适应能力与发展能力。当然,教师也可以编写教材,但是不能滥编滥发。

二、通过任务教学设计科学的学习任务

(一)任务教学缘起

对语言教学法的最优方案的探讨与实践从来没有停歇,各种理论此起彼伏。从 16 世纪到 19 世纪,语法—翻译教学法盛行于欧洲;19 世纪中后期欧洲国家之间的交流不断增加,促进了语言教学的"改革运动",1899 年 Sweet 对"直接法"做了系统阐述;进入 20 世纪后又相继出现了"口语法""情景法""听说法""交际法""全身反应法""沉默法""社团语言学习法"以及"自然法"。其中每隔 25 年左右就会出现一种新的教学范式(paradigm);但这种更替并非全新独创,而是在吸收先前范式积极因素的基础之上的一次脱胎换骨。由"知识"到"意义""结构"再到"功能""交际",体现出人们对语言教学目标的认识发展;从"记忆"到"行为"再到"习得""认知",体现了对教学理念的探索;从以教师为中心到以学习者为中心,从对教学法优劣展开评价转移到对学习者个体学习特征的关注、研究,体现了教学中从"书本"到"师本"再到"学本"

的带有人文特征的发展轨迹。从20世纪的情况看,教学法的理论走向包括四个方面。

(1)结构。

(2)认知。

(3)社会。

(4)情感。

这给我们的英语语言教学提供了一个很好的思路。虽然以往的某些教学法看起来彼此有冲突的成分,但从一定程度上都与或短期或长远的语言学习目标相联系。始于1923年的一项外语教学研究表明,没有哪一种单一的教学法可以确保语言学习的成功(Richards and Rodgers, 2000:11)。所以结合教学目标,采取"通晓折中主义"(informed eclecticism),从多种课程设计理论及方案中寻找结合点是语言教学多采取的模式(Richards and Rodgers, 2000:158)。而任务教学法就是吸取了认知语言学、心理语言学及应用语言学的研究成果,在交际教学法的基础之上发展而来。它摒弃了传统教学法中以教师为中心的3Ps (presentation, practice, and production)("呈显""练习""产出")模式,转而强调语言意义的根本性,并且通过为学习者设定任务,激发其语言习得的自然机制,使学习者的中介语(interlanguage)在语言形式(form)及意义(meaning)表达方面得到均衡拓展。

(二)网络与任务教学

网络在高校的普及给语言教学带来了一场革命。正如王宏印(2003)所说,"外语教育的现代化,如果没有外语教育的现代技术的支持……只能是观念上的现代化,而实际上,连观念上的现代化也不可能完全实现"。随着信息技术与课堂教学整合运用的深入发展,外语教学在多个层面上都呈现出时代的特征,教学的环境发生了很大变化。

过去,教学资源的相对固定,使得教学的目标如同"刻板印刷",学习者的个性受到了很大的约束。建构主义等学习理论把学生从教师的"桎梏"中解放出来,并又通过教师对学习者"观念"(包括"管理观念"和"语言学习观念")、"策略"(包括"管理策略"和"语言学习策略")的调控,与学习者建立起指导、协作、咨询的开放、动态关联(文秋芳,1996)。同时,基于网络的教学所构筑的教学环境在空间、时间方面得到无限延伸,使学习环境的五大构成要素,即"情境""信息库""协作""会话"以及"管理者"实现有机组合,给学习者提供了优质、个性化的学习资源和学习途径,人本主义的教学理念得到充分体现。

主题教学模式指将课内课外有机结合起来,将教与学有机结合起来,不分你我,课内课外连成一片。课内从不同侧面围绕一个学生感兴趣的、引人思考的共同主题,把听、说、读、写、译等语言活动有机地结合起来,教学活动包括主题预演,以听和阅读为中心结合辩论、演讲、小短剧、写作文等。教材本身的主题型设置,给教师和学习者提供了特定话题的多视角范本,为展开基于网络的任务教学提供了发动平台(launching pad)。把主题型任务设计得具有网络特色,使学习内容可以进一步拓宽;时空从单纯的教室延伸到学生的网络生活;任务实现渠道更加多样;学习者实现任务所依凭的语言更加真实;学习者学习的协作伙伴可以由教师或同水平的同学扩展到本族语者(native speaker);同时,网络任务教学的优势还体现在它能更有效地实现听、说、读、写技巧之外的第五种技巧的培养,即跨文化交际能力,这也是《大学英语课程教学要求》中教学目标规定要达到的。

教师转变自身角色,通过设定学习任务,把学习者、网络资源、教室(包括教材、教学活动、检测方式等)有机结合起来;通过任务调控(manipulation)使学习者不会由于网络信息的浩如烟海而迷失,从而"帮助"学习者建构自身的语言知识、语言能力系统。同时通过网络信息技术与课程的整合,可以培养学习者终身学习的意识;培养学习者发现问题和解决问题的能力;让学习者养成探究式自主学习的习惯;最终形成具有创新精神、实践能力,能进行自主探索、发现学习的个体。

第二节　开展个性化教学，重视学生个体的差异

一、个性化教学

（一）什么是个性

个性是个体才具有的特征，但个体不同于个性。要理解个性的内涵，就必须把个性和个体区别开来。个性和个体是相联系又相区别的。作为人，首先是一个具体的人，作为个体而存在。个体是指具有生物的、社会的全部固有特征的某个具体的人，如张三、李四、王五等。而个性则是抛开个体的生物的、自然方面的属性，只指人的社会性和心理倾向性及心理特征。但个性和个体又是密不可分的。人首先是自然界的产物，人作为自然界的一部分，与动物一样，也是一个生命体，也有食欲、性欲、求生欲望等自然欲求。人的个体是心理特征和心理倾向性的载体，没有个体就不会有个体所具有的个性。科学研究证明，个体发育成长的自然因素与个性的社会化过程密切相关。

根据加利福尼亚纵向法的研究资料表明，发育早的男孩在很长时期内比其他人个儿更高，身体更壮，力气更大，并且在 14～16 岁表现最明显。女孩比男孩早两年开始成熟，发育早的常常长得矮小而丰满，当同龄人的身材还未长高时，她们也常为自己身材高而骄傲。随着个体身高的变化，各个指标相对应的心理特征也会发生变化，有的会为自己长得强健而高兴，为自己长得弱小而自卑；有的女生为自己容貌娇美而充满自信，而那些身材矮小又相貌平平的女生则会产生自卑感。

个性与个体的自然性是密切相关的，但个性并不是指个体的自然性，而是指个体的社会性。人一方面作为一个生命体而具有自然性，但人之所以是人，从根本上说，并不在于自然性而在于社会性。人作为社会的产物，又具有社会性，人的生产活动和生活都具有社会性。人的个性是与个体的社会生活环境分不开的，人的个性是个体在一定的社会生活条件下逐步形成和发展起来的。

（二）个性的形成

素质教育过程中要培养学生的创新精神和实践能力,就要重视发展学生的个性。要发展个性和发展潜能,首先要了解个性的形成和发展。

关于个性的形成和发展有许多观点,西方的一些心理学家从生理因素出发,把个性看作受生物制约而形成的差异。在他们看来,生物遗传因素是个性形成的主要原因。因此,他们认为,个性的一切特点都是人生来就具有的,虽受后天制约,但基本方向是不变的。中国古代的性善论和性恶论,也主张人的本性是先天就有的,这种观点是一种生理决定论。

从生理上看,个性的形成和发展与个体的生理特征有一定的关系,否认这一点就会陷入唯心主义,但仅从生理角度去分析个性显然是片面的。实际上,个性并不是先天就有的,虽然与个体的生理有关,却是可以改变的。个性是在一定的社会条件下,通过教育、影响而后天形成的。正因为个性是后天形成的,这才为发展学生的个性特长、培养学生的创新精神和实践能力提供了依据和条件。我们在认识个性的形成和发展过程时,既要看到个性与个体生理的联系,更主要的是分析一定的社会条件对个性形成和发展的决定性作用。

首先,个性是人的个性,而不是动物的个别心理反应。个性是在一定社会关系下形成的。人是社会的产物,任何个性都应当是在一定社会条件作用下形成的。人在社会关系中的地位决定了人的意识和心理的形成和发展,有什么样的社会存在就会有什么样的社会意识。人们的生产、生活状况,会使人产生与生产、生活状况相适应的动机和追求。一个人的心理特征和心理倾向是受社会生活制约的。在不同的社会经济和文化条件下,个体会形成不同的个性。个性与个人的地位、生活环境和所受社会教育程度是密切相关的。

其次,个性的形成与教育密切相关。促使个性形成和发展的手段和途径很多,其中最基本的手段就是教育。家庭教育在个性的形成和发展中占有十分特殊的地位。家庭是社会生活的基本单位,社会上的各种关系都是通过家庭去影响儿童,在他们的心灵上打下深深的烙印。不同的家庭,儿童通过衣、食、住、行和父母的言传身教,逐渐形成不同的生活习惯、行为方式及心理特征。家庭条件较好的学生,容易养成依赖性,缺乏顽强意志。如独生子女由于父母的过分娇惯会出现任性、散漫等特征。单亲家庭的儿童则会出现孤独、抑郁等心理特征。特别是缺乏母爱的儿童,其心理的正常发展受到很大影响。心理学家曾对这些"母性养育剥夺的儿童"进行过大量的调查和实验,从许多长期生活在保育院的儿童中发现,由于他们失去父母照顾,缺乏感情刺激,而使智力和语言发展迟缓,情绪反应单调,表现呆板,性格孤僻。

（三）采取个性化教学培养学生的自主学习能力

教师和学生都是教学的主体,因此个性化教学就是个性化的教和个性化的学的统一,这可以从以下三个方面来解读。

（1）个性化教学是教师教和学生学的统一活动。个性化教学可能因为教学条件的变化而出现一些形式上的变化,但在个性化教学中,教师和学生仍是互相依存的必要主体。个性化教学的终极目标依然是学生的健康发展。特别是对于学生的个性培养,个性化教学发挥着重要作用。在课程改革的潮流下,教学开始指向人的自由与解放,注重凸显出每个学生的个性发展以及创造性表现。个性化教学不仅帮助学生实现在童年期、青春期个性的发展,更帮助学生形成以利于其终身学习的稳定的个性。

（2）教师的个性是教师个性化教学的基础。个性化教学如何实现,是每个学校都在思考的问题。有学者明确指出,教师的个性解放是实现个性化教学的前提和基础。而教师教育观念的更新、教师科研的促进和个性品质的引导又是解放教师个性的条件。个性化教学要求教师具备全面和系统的教学观念,并且随着时代的发展更新自身的教学观念。教师的个性品质对学生的精神世界产生着巨大的影响,它是由认知、思维、价值观、兴趣、情感、态度和需要等构成的复合体,是教师教学效果出现差异的重要原因之一。

（3）学生的学建立在学生自身个性的基础上。个性化学习要求学生具有一定的个性品质,从而发挥学习者的最大潜能。在个性化学习中,学生自定学习目标,自选学习内容,自己安排学习进度。总之,个性化学习的实现需要学生"会学""乐学"和"创造性地学"。而这些都要求学生具备独特的个性、创造性的思维,敢于迎接挑战。

第四章　信息化时代大学英语自主学习能力培养的模式

二、重视学生个体差异

(一)突出学生主体地位,尊重他们的个体差异

在语言教学中,教师不仅要突出学生的主体地位,还要尊重学生的个体差异。尊重学生的个体差异主要有两个方面的要求:第一,学校应该慢慢试着改变用统一的标准来要求所有学生,可以有针对性地购买相应的学习材料等;第二,每个个体都是不一样的,因此学校和教师应该根据不同学生现有的语言基础、学习潜能、学习风格、兴趣爱好等客观差异,尽可能满足不同学生的学习需要。

(二)注重课程资源的开发利用

在传统的语言教学过程中,其学习资源太少,仅有的几本语言教科书就是教师和学生的依赖,但是在这种落后的情况下,我们对一门外语的了解也不是很多,造成对教科书的狭隘理解也是在所难免的,因此学生对语言知识及其运用难以熟练掌握,语言教学效果不明显。当然,这种现象在现代科学技术飞速发展的时代得到了很好的解决,教育技术得到开发利用,为语言教学提供了新的教学方式和空间,促进了语言教学资源的开发和利用。

为了使语言教学收获更好的效果,很多学校已经做出新的调整,这里可以结合两方面进行讨论。其一是广泛利用校内各种新兴高科技教育设备和教学资料,为学生营造更好的语言环境,强化其视听信息的输入;其二是全方位发掘校外的学习资料和实践机会,如参观博物馆、展览馆、外资企业等。此外,随着网络信息时代的发展,互联网技术已经发展得很成熟了,教师可以积极引导学生利用互联网寻找丰富的语言学习材料,以此调动学生的积极性,鼓励、支持学生拓宽语言学习的渠道。

(三)倡导体验、参与、交流与合作

在《大学英语课程教学要求》中,大学英语课程教学中所采用的虚拟仿真技术要求先进的多媒体和网络技术支撑,以及丰富且大量的课程后台资源支撑,因此,在实际设计和运用上具有一定难度。英语教师应该掌握如何学会合理地运用丰富的课程教学信息与完备的网络平台,同

时指导学生运用多媒体应用技术来学习、提高自身的英语语言知识和应用能力。

　　虚拟仿真的表现形式有三种，分别是主要包括可视化仿真、视景仿真以及多媒体仿真。大学英语演讲课应以课堂实践为主体，虚拟仿真教学平台可以在内容呈现、教学管理、资源获取、实时互动、情感感知这几个维度为学生提供人性化的物理环境、多样化的内容呈现、丰富的资源获取途径、智能的交互性支持。要将虚拟仿真技术融入大学英语演讲课程之中，首先要遵循演讲本身的课程特点。然后通过游戏化实验闯关、不受限的语言情境沉浸和虚拟仿真演讲场景体验等板块，为学生打造跨越时空、身临其境的沉浸式、实践式演讲课堂。

　　针对虚拟仿真英语演讲教学内容来说，主要包括四个方面，分别是"演讲是什么""演讲写作""演讲技巧"和"实践体验"，按照难易程度来进行划分，分别是基础、技巧、综合以及探索四种类型。模拟仿真教学平台在教学过程中起着重要的作用，主要用来支撑任务发布到完成的整个过程，最后形成系统化的"师评—互评—自评—系统评价"四维评价结构，基于此可以更加全面地评估学生的英语演讲综合能力。

　　在"演讲是什么"环节，学生在学习演讲的基本理论之后，虚拟仿真教学平台将根据学习内容设定不同的任务闯关考核活动，帮助学生理解、吸收相关知识；在"演讲写作"和"演讲技巧"模块，教师将演讲视频发布到平台上，通过鉴赏、分析不同的演讲范例，以小组讨论的形式引导学生做出分析和评价。而后，教师将对演讲写作技巧进行讲解和总结，并以闯关游戏模式加强学生对演讲技巧的理解和掌握；在"实践体验"环节中，学生以小组为单位，通过虚拟仿真教学平台模拟"外研社杯""CCTV 杯""21 世纪杯"等大学生演讲比赛流程及环节，让学生充分感受、体验演讲舞台。此外，还会通过虚拟仿真教学平台模拟婚礼、葬礼、庆功宴、毕业典礼等社会场景，学生可以置身于这些场景中，切身体会不同场合对于演讲内容、情感、声音的要求。

　　除了为学生提供演讲实践场景，虚拟仿真教学平台还能提供课前、课中和课后所需的技术支持。课前，平台能为教师提供学生课前学习的相关数据，为教学设计提供学情依据；课中，平台能提供情境创设、知识点自测等技术支持；课后，平台能收集学生的学情数据，为学生评价和师生交流提供平台。针对学生的课程成绩，以原有测评体系为依托，可

第四章 信息化时代大学英语自主学习能力培养的模式

以添加学生自评与互评环节,以此考察学生的英语演讲鉴赏能力。

(四)建构动态评价体系

动态评价,简称 DA,源自社会文化理论,主要对学习者的最近发展区予以关注,强调通过对学生学习方面的变化情况进行观察和记录,对学习者认知能力的变化过程进行了解。

一般认为,评价者通过与学生展开互动,对学习者的认知过程与变化情况加以了解,从而探究学习者潜在的能力,提供给学习者恰当的干预手段,促进学习者的全面进步与发展。因此,有人将动态评价又称为"学习潜能评价"。

与传统的评价手段相比,动态评价不仅可以将学习者的英语语言实际水平反映出来,而且在评价中,教师可以发现学习者学习中存在的问题,对这些问题进行干预,保证教师的英语教学效率与学生的英语学习水平。

不同学者对动态评价研究的视角不同,得出了不同的评价模式,归结起来,主要有如下两种。

一种是干预式,即对量化指标非常侧重,教师提供的帮助是预先设计好的。

一种是互动式的,即对定性指标非常侧重,教师提供的帮助是师生之间展开互动。

只有将两种评价手段结合起来,才能使动态评价发挥出应有的效果。

在互联网背景下,科学有效的评估对于大学生的英语学习非常重要。对于教师来说,有助于改善教学环境,促进教师对自己的教学过程有清晰的了解,改进自身的教学手段和方法,搭建师生和谐的互动平台。基于互联网的大学英语动态评价模式具有如下两点意义。

1. 提升学生学习的积极性

对于学生来说,英语学习兴趣是最好的教师,如果能够帮助学生建构英语学习的兴趣,那么就能够提升英语教学的效果。传统的大学英语评价模式很难调动学生学习的积极性,学生往往是被动地接受知识,持有的也是一种"完成任务式"的心态,因此很难获得较好的英语教学效果。

相比之下,互联网背景下的大学英语教学的动态评价模式能够将学生的学习潜力挖掘出来,实现学生高质量的学习。实际上,学生的学习能力本身相差不大,如果采用科学的教学手段,那么就可以将不同学生的学习潜力激发出来。

同时,互联网背景下的大学英语教学的动态评价模式还可以实现师生之间的和谐互动,教师改变了以往"高高在上"的局面,与学生展开互动交流,从而将学生的英语学习积极性激发出来。

2. 培养学生的学习信心

很多学生不愿意花费大量时间在大学英语学习上,而是热衷于学习自身的专业课,这主要是因为他们存在厌学情绪,而以往传统的大学英语教学评价模式也恰好能够将这一厌学情绪放大,导致学生更不愿意学习英语,甚至放弃英语学习。

互联网背景下的大学英语教学的动态评价克服了传统大学英语教学评价模式的弊端,帮助学生获取英语学习的信心。学生通过对英语学习阶段的了解,可以建构自己对英语学习的信心。实际上,学生的英语学习信心与教师有着密切的关系,如果学校建立了互联网背景下的大学英语教学的动态评价模式,那么教师的整体水平就会提升,从而使学校、教师、学生之间实现和谐发展。

3. 从动态评价的角度缓解大学英语学习情绪

情感、师生作用、环境等因素都会导致学生在英语学习中产生情绪,下面就从动态评价的角度对大学生英语学习情绪加以缓解。

很多大学生因为语言交际中本身存在的焦虑状态以及领会能力欠缺等问题,导致大学英语学习焦虑,但是通过干预式与互动式可以对其进行缓解。

语言交际的焦虑恐慌可以通过与他人交互进行缓解,交互式评价强调师生之间展开面对面的交谈。例如,教师可以将个体的口语评价划分为两大阶段。在第一阶段,主要是选择学生熟悉的话题展开交谈,对谈话内容展开静态评价,这样便于了解学生在口语学习中存在的不足之处。在第二阶段,从静态评价转向动态评价,应该采用干预式评价手段,对学习者在第一阶段存在的问题进行干预,并提供建议与帮助,这样有助于缓解学生在口语交际中的焦虑恐慌。

在互动式动态评价中,教师可以对现阶段学生的学习动机、学习需求等差异有清楚的了解,为下一阶段学生英语学习中存在的问题进行预估,及时为学生提供干预手段。师生在交流互动中,教师对学习者有清楚的了解,学生也会感到教师是关心他们的,从而产生满足感,愿意投身于英语学习中。这样由于师生关系引发的英语学习焦虑也可得到缓解。

互联网背景下的大学英语教学的动态评价强调学生在学习了一段时间的英语后,与前段时间的英语学习进行比较,关注如何改进自己的英语学习方法,获取理想的英语学习结果。其对学习者本身的发展非常关注,教师也从学生的动态互动中,对学生英语学习中的问题进行发现,从而改进自身的英语教学问题,对这些问题进行适当的干预,真正实现因材施教。

第三节 建立虚拟学习共同体,优化网络教学模式

一、建立虚拟学习共同体

(一)虚拟学习共同体

虚拟学习共同体,也被称为虚拟学习社区,是随着互联网的发展、学习方式的改变而出现的。虚拟学习共同体是信息技术环境下群体协作、群体智慧创造与分享的必然结果,它为信息的快速传播、知识的分享提供了沟通与互动的平台。虚拟学习共同体最大的优势就是身体可以不在场。它既能够为成员提供团结协作与资源共享,又能够为其提供情感和心理归属空间。成员们通过对话来协商解决各种学习问题,体现了各成员之间的民主与平等。

（二）外语教师虚拟学习共同体的优势

高校外语教学具有其特殊性，因为外语教学工作需要良好的语言环境，团体之间的互动协作，丰富的学习素材，先进的教学理念。因此，外语教师建立和参与虚拟学习共同体对教师的专业发展是极为有利的。

首先，通过组织学习共同体，"语言环境"得到了充分保证，高校外语教师虚拟学习共同体的成员可以是来自国外的或者是母语是该门外语的助学者，在高校外语教师虚拟学习共同体这个平台，学习者与助学者通过网络相联系，在网上开展学习与交流，为高校外语教师创造了一个良好的"语言环境"。

其次，学习场所和范围由单个独立的课堂扩展为世界性的实践场，不再拘泥于书本和课堂，成员们可以领略到不同的教学方法和教学模式，并有选择地在教学中进行运用。

最后，多媒体与在线网络支持提供了丰富的外语教学资源。成员们经常互通有无，可以收集到最新的、多样化的外语素材，能促进外语教学的质量得到更有效的提高。

（三）虚拟学习共同体的构成要素

虚拟学习共同体的构成要素是组建学习共同体的关键。Wenger认为共同愿景、共享资源和互动实践是共同体三大要素。张杰、林丽则从环境、愿景、资源和机制四个方面探讨了教师学习共同体的构成。

本书将虚拟学习共同体的构成要素归纳为以下四部分，即共同愿景、网络平台、共同体成员、学习和活动。

首先共同体的共性决定了它是一个由多人组成的群体，其参与者往往具有共同的目的和爱好，为了一个共同的目标进行讨论和交流，从而产生一种非常默契的依赖关系。例如，对于现在的外语教师学习共同体而言，他们的共同愿景就是提高其在信息时代的教学能力与科研能力、扩大知识面、促进其专业水平的提高，促进学生的全面发展。

网络平台是虚拟学习共同体的基础。正是由于网络提供了文字、声音、图像等多方位的交流环境，才使得共同体内成员的交流成为可能。同时，网络环境的虚拟性使得共同体成员之间没有身份尊卑的顾虑，关系更加和谐平等，有利于成员们各抒己见、畅所欲言。

虚拟学习共同体的成员分为三类：组织者（即倡导和发起教师网络学习共同体的人）、管理者（是组织者和参与者之间的桥梁）和参与者（大部分的参与教师）；这三大类成员分工不同，但往往存在着身份之间的交织和转换。

活动是虚拟学习共同体催化剂，活动将参与者通过网络聚集到一起，推动学习共同体的发展和进步。

二、优化网络教学模式

（一）慕课教学

所谓慕课，英文是 MOOCs，是"大规模在线开放课程"的简称。从 wiki 百科中我们可以查询到，慕课指的是由参与者进行发布的课程，并且材料也可以在网络上查询到。也就是说，慕课的课程是开放的，也非常宏大。简单来说，慕课的课程具有分享性，无论你处于世界任何一个角落，都可以进行学习与下载。与传统课程相比，慕课课程有图 4-1 所示的优势。

慕课既然用 MOOCs 表示，其可以理解为如下四个层面。

M 是 Massive 的简称，指的是规模比较大。这个规模比较大具体指的是两种：一是人数比较多，二是资源规模比较宏大。当然，这个"大规模"也是相对来说的。

O 是 Open 的简称，即慕课课程的开放性，学生可以根据自己的兴趣选择学习课程，如果他们想学习，他们就可以注册、下载学习。即便一些课程是由某些营利公司建设的，他们也可以进行下载。

O 是 Online 的简称，即教与学的过程是通过网络实现的，如教师的线上教授、学生的线上学习、师生之间的讨论、学生作业的完成与提交、学生作业的批改等。

C 是 Courses 的简称，即课程包含主题提纲的讲授、内容的讲解、各种学习资料的上传、作业的布置、注意事项的提醒等。

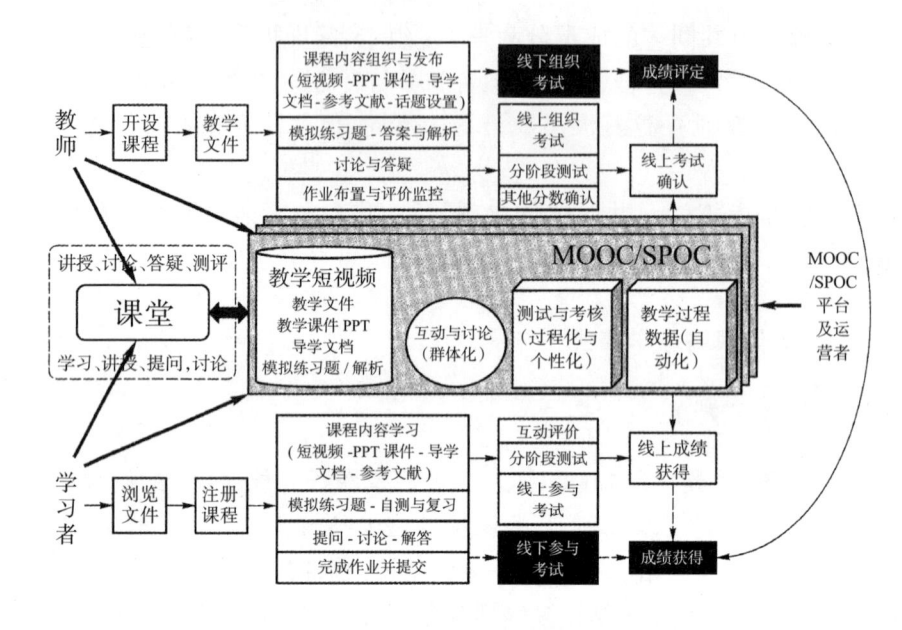

图 4-1 慕课教学与传统课堂的比较

（资料来源：战德臣等，2021）

慕课这门课程与传统的互联网远程课程、函授课程、辅导专线课程不同，也与网络视频公开课不同。从目前的慕课教学来说，所有的课程、教与学进程、师生之间的互动等都可以在网络上实现，具有完整性与系统性。

慕课这一教学模式最早是在 2008 年出现的，但是真正的流行是在 2011 年，是教育的一大革新。之后，出现了很多与之相关的课程，直到 2012 年，由于各个大学不断推进慕课教学，因此将 2012 年称为"慕课元年"。

如何开展慕课教学，具体来说可以从如下几点着手。

1. 构建多层次设置课程

慕课教学模式冲击着传统的大学英语教学，尤其是传统的大学英语教学模式单一的情况。从师资力量上说，传统的师资力量比较薄弱，教师资源非常有限，导致很多课程的讲授并没有针对性。但是相比之下，大学英语慕课教学基于学生的兴趣和积极性来设置课程，这使得学生学习英语的动力明显提升，从而不断提升他们学习的效率与质量。

第四章　信息化时代大学英语自主学习能力培养的模式

2. 采用多种教学方式

虽然很多学校都要求不断进行大学英语教学改革,在上课方式上也不再是单一的手段,但是在教授方式上还是过多倾向于知识点的讲述,即便是将多媒体手段融入其中,也多是课堂讲授的辅助手段,因此只是将传统的板书形式替代成了现在的多媒体形式。相比之下,大学英语慕课教学模式更为多样化,学生即便不在学校内,也能够通过网络获取知识。

3. 展开多渠道考核

在慕课教学模式下,大学英语教学中设置了多渠道的考核手段。如果仅仅是传统的笔试考试或者论文写作,那么很难将学生的实际能力检测出来。但是,在大学英语慕课教学模式下,可以进行个性化的考核,这样的考核可以将学生的积极性激发出来,从而开展下一阶段的学习。

(二)微课教学

微课,又可以称为"微课程",是运用视频教学的手段,依托PPT形式来展开教学的一种新型技术手段。既然是微课程,那么必然要求简短,因此在教学内容的设计上要求简洁,并能够涵盖完整的教学工作。也就是说,在整个教学中,主要对一些专门的知识点进行讲解,通过短小的视频将内容向学生传达。当然,除了要讲授基本的知识点,必然也需要增加一些练习甚至是专家点评等。可以看出,微课并不是对传统教学模式的延伸,而是一种新型的、开放性质的教学手段。

随着微课教学的不断发展,很多学者对其展开了研究,并形成了一些著名的视频,其深刻影响着全球的基础教育。我国在极力推进微课教学,但是由于我国的研究仍旧处于初级阶段,因此研究主要限于宏观领域,在微观层面还有所欠缺。

在大学英语教学中应用微课,首先要将其与学校所制定的教学培养目标相适应,并且将二者有机结合起来,从而保证所制定的微课的可行性与科学性。在设计微课时,必须要遵守学校大学英语的教学特征及实际教学情况,合理规划大学英语课程的不同类型的微课程,从而使不同类型的大学英语教学需要都能得到有效满足。具体来说,在大学英语教学中应用微课这一教学技术,可以采用以下策略。

1. 与网络教学信息平台相结合

一般来说,微课对于不同年级学生,所具体制定的教学方式是不同的。比如,对于高年级的学生来说,通常都已经具备运用网络沟通与处理知识的初步技能,通过学校地方网络信息平台,能够使自身的知识获取渠道得到进一步的拓展,知识结构与能力也会进一步充实。而对于低年级的学生来说,通常是需要在家长的陪同下参加课程学习的,因为低年级学生在处理和操作技能方面往往不能自主完成。另外,不管是低年级还是高年级的学生,要改变当前大学英语教学中内容单一的情况,进一步拓展和扩充大学英语教学内容的广泛性,需要教师首先认真研读大学英语教学大纲,从中摘取有效信息,并且结合相应要求,将与教学目标相关联的网络教学资源创建起来,以此将优质的大学英语教学资源不断填充到微课课程中,让所有的学生都能通过微课学习来共享这些新的内容信息。网络教学平台可以实现完整的教学过程,微课资源可以在某一平台上集中整合,学生进行系统的自主学习。微课的优势是非常显著的,而要将其显著优势最大限度地发挥出来,必须做好微信平台的选择与确定工作。

2. 设计主题恰当的微课

微课的最终教学效果如何,在很大程度上受到微课设计程度的影响,因此,要求教师一定要对微课主题的选择引起重视。对于大学英语教学来说,要想选择合适的微课主题,首先要确定教学目标,即通过微课教学,使学生获得哪些知识点,要掌握哪些技术技能,再以此为依据,来选择相应的大学英语理论或实践课中学生经常遇到的问题、难题,针对性地解决学生可能会遇到的问题和重点知识点。教师设计时要尽量全面考虑,难度适当,切合要求。通过微课中体现的主题,大学英语教学实践中具体问题的确定就不是难题了。

3. 要及时做好微课效果的评价与反思

微课的质量决定了其在教学形式、教学内容等方面的选择和运用是否科学合理,也决定了其能否取得理想的教学效果,因此,保证高质量

第四章 信息化时代大学英语自主学习能力培养的模式

的微课水平是非常重要且必要的。而要做到这一点,需要在微课结束之后,通过学生的评价与反馈来实现。教师要时刻保持与学生之间的联系渠道,做好相互之间的沟通和交流,为教学活动提供必要的依据,这就需要借助于新媒体平台,同时,还要以积极、客观的态度来检验微课在预期的教学效果方面是否实现。学生在学习过程中通过交流与反思,能够使微课得到进一步的改进和完善,这样也能在某种程度上提高微课的实用性与高效性。微课制作的好坏主要应参照评价的主体——学生。通过学生对微课的评价与反思,能够对微课开发者更好地了解、制作大学英语微课起到推动作用,从而使他们能够对现有的微课课程进行有针对性的调整和改善,甚至也可以重新构建新的微课程,不管采用什么样的方式,只要能保证微课的质量,能顺利实现教学目标,能解决大学英语课中出现的问题,能使学生在学习过程中掌握正确的学习方法等,就说明这一操作是科学且有效的。

受新型科学技术的不断发展与更新的影响,学校的教学模式也发生了一定的改变。微课教学形式的出现对于大学英语教学来说,能够起到丰富和发展大学英语教育资源,创新教师的教学理念和教学方法的显著作用。因此,这就要求教师必须精通网络,熟悉并理解大学英语教学理念,精心准备和制作微课,在制作过程中一定要对其中的各个方面都进行准确把握,从而保证微课的整体质量,才能把最好的授课内容展示在学生面前,让学生对课堂的教学内容达到更快的领悟,同时,学生在大学英语微课的学习过程中,不仅使课标的要求得以完成,身体和心理素质得以提高,同时也更加了解了网络的运用技能,这就进一步加强了学生对于社会发展的适应能力。

总的来说,通过微课,不仅能使教师顺利达成既定的教学目标,同时也能让学生成功达到提高综合素质的目的。

(三)混合式教学

多媒体网络技术在教育领域广泛应用的大环境下,"教师主导+学生主体"的教学模式在许多院校盛行。在如今智能手机、平板电脑、网络为时代印记的新技术的时代下,教学模式不仅要求灵活运用以教为主的教学策略和以学为主的学习方式,同时需要整合各种教学资源,要求教师进行相应的角色转变。

依据建构主义、情感过滤假设理论,结合教学实际,从语言知识、语言技能、情感态度、文化意识、学习策略五个维度综合考虑构建了适用于高校的移动平台翻转课堂授课、线上交互式数字课程学习、线下模拟场景实践、过程性与终结性评价结合的四位一体混合式教学模式,并制订了基于网络交互式教学平台的混合式高校英语教学模式(图4-2)。

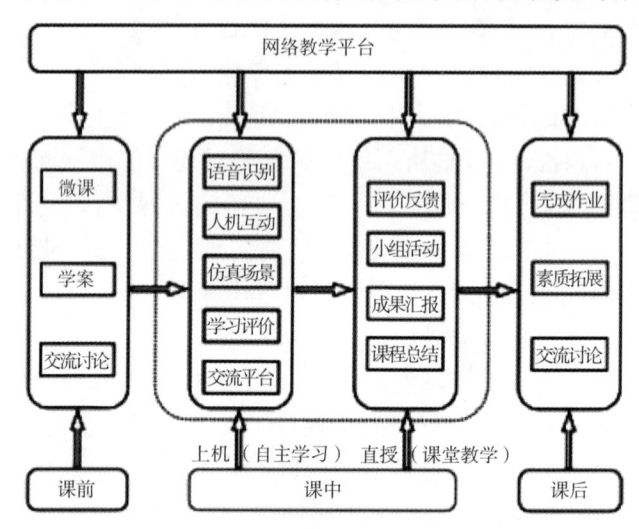

图 4-2 混合式高校英语教学模式

(资料来源:战德臣等,2020)

从图4-2中,我们可以看到,在这个教学的过程中,教师在教学环节中不再是过去的讲授者或灌输者,而转变为一个帮助者和支持者,教师在课前和课后的准备工作及评价工作中的功能远大于过去,而学生在课前、课中、课后均为学习的主体,这与过去的"教师讲、学生听"教学模式有了很大的不同。

1. 混合式教学模式的优势

(1)方便灵活

信息科技与互联网的发展及其所带来的便利,使得英语教学视频可以在网上广泛传播,多样化的视频教学形式,如专题讲解、碎片化学习、视听说一体的视频教学等教学形式开始出现,使得英语教学的灵活性大大提高。首先,学生可以通过网络方便快捷地获取多元化的教学资源,不受时间和空间的限制而进行碎片化的学习。其次,教师可以利用网络资源提升自身的专业素质和水平,从而开展形式灵活、多样化的优质教学,提高英语课堂教学效果。

(2)贴合需要

在大学英语教学中运用线上线下混合式教学模式,能有效加强学生的学习体验,提升学生的学习效率,而且切合学生的实际需求。首先,网上含有大量的英语教学视频,学生可以根据自身的水平和学习需求,自主选择优质课程,有针对性地利用教学资源。其次,通过线上线下混合式教学模式,学生可以获得丰富的学习体验,会形成自主探究的学习习惯,满足个性化发展需求。

(3)切入精准

相较于传统的教学模式,线上线下混合式教学模式切入点精准,在整体上能够扩展学习空间。该教学模式引发了教师主导的课堂格局的改变,通过丰富的线上资源来充实课堂内容的同时,通过线下形式多样的个性化实践措施丰富学生的学习体验,进而精准地切入学生的爱好点,拓展学生的学习空间。将线上线下两种模式混合应用,能够有效改变教学的思路,切实优化教学质量。

2. 混合式教学模式的步骤

(1)课前阶段

在基于线上线下混合式教学模式的英语教学中,教师在授课之前要针对具体的教学内容和学生的学习情况选择切合的课程资源,并且结合实际情况设计能够培养学生自主学习能力的学习任务,以充分利用教材和网络课程资源。例如,"朗文交互学习平台""新理念外语网络教学平台"等都是可以实现师生交互的移动网络平台,通过这些平台,教师可以将教材中所涉及的学习计划、学习目标、学习重点、学习难点、学习主题等相应的预习内容和学习任务等,及时发到学生手中,学生可以根据任务的要求通过不同的方式,如个人独立思考、小组讨论等,有效地获取知识背景,高效地完成预习任务,而且在这一过程中,自主学习能力也会相应地提高。在这一阶段,教师可以利用自主式的学习平台,充分实现师生之间的互动,为学生提供有效的在线咨询,为学生答疑解惑,向学生提供有针对性的辅导和帮助,进而切实提高学生的自主探究精神和自主学习能力。

（2）课堂阶段

所谓线下,也就是课堂上的面授。在这一阶段,主要是通过课堂的教学平台和自主学习平台的相互融合,展开具有针对性的多媒体辅助教学。

首先,教师根据学生对课前预习的完成情况进行检查和分析,重点指出相关问题。

其次,运用多媒体创设富有情境化的教学内容,进一步提出问题,引发学生积极思考,进一步激发学生的探究意识。

再次,教师结合教学实际情况和单元主题,设计相应的学习任务,鼓励学生积极讨论,也可以通过情景对话、角色扮演等方式,激发学生参与的积极性,促使学生主动参与课堂教学活动。

最后,教师鼓励和引导学生进行总结和反思,可以让学生进行自评或学生之间进行互评,进而总结学习内容,激发学生的学习动机和自主探究精神,巩固学习知识,同时提升协作互助意识和英语应用能力。

（3）课后阶段

在课后阶段,教师可以通过线上线下混合教学模式进一步补充相应的学习材料,有效拓宽学生的视野,加深学生对所学知识的理解和掌握程度。在课后,学生也可以利用网络平台寻找相应的复习资料,进一步加深学习效果,增加练习的实践,扩大知识范围,更好地完成相应的学习任务。课后巩固延伸了课堂教学的空间,能够显著培养学生的自主学习能力,也能够为学生养成良好的终身学习习惯打好基础。

第五章 信息化时代大学英语词汇与语法自主学习能力的培养

众所周知,词汇与语法是大学英语学习过程中的必要组成部分。学生想要充分掌握英语知识,就需要对词汇与语法学习付出一定的时间与精力。在信息化时代,英语词汇与语法的学习应该结合新的方法,通过信息技术的支持来快速提高学习效率。本章重点研究信息化时代大学英语词汇与语法自主学习能力的培养。

第一节 信息化时代大学英语词汇学习能力的培养

一、大学英语词汇教学概述

(一)什么是词汇与词汇教学

词汇是构成语言整体的重要细胞,是语言系统赖以存在的支柱,"如果把语言结构比作语言的骨架,那么是词汇为语言提供了重要的器官和血肉"。[1] 可见,词汇对于语言以及语言学习非常重要。那么什么是词汇呢?关于这一问题,不同的学者有不同的解释,可谓见仁见智,以下就对一些有代表性的观点进行分析。

路易斯(Lewis)对词汇进行了解释,他将词汇称为"词块"(lexical chunk),并把词块分为四种类型:单词(words)和短语(poly words);

---

[1] Harmer, J. *The Practice of English Language Teaching*[M]. London: Longman, 1990: 158.

搭配（collocations）；惯用话语（idioms）；句子框架和引语（sentence frames and heads）。①

陆国强指出，词是语音、意义和语法特点三者相统一的整体，是语句的基本单位，而词的总和构成了词汇。

总体而言，词汇是包含词和词组在内的集合概念，能够执行一个给定的句法功能，是基本的言语单位。

关于什么是英语词汇教学，王笃勤认为，英语词汇教学是一项包含教学的进程和活动的策划在内，将词汇讲解作为教学内容，以学生充分认知和熟悉应用词汇为目标的教学活动。

简单来讲，词汇教学涵盖的范围十分广泛，而且是教学中最基础、最重要，也是最困难的环节。

（二）大学英语词汇教学中存在的问题

1. 教师教学中的问题

（1）教学方法单一，脱离英语语境

词汇的掌握对英语语言学习的重要性是不言而喻的，但词汇的记忆和掌握的过程又是枯燥和困难的，这就需要教师来缓解这种枯燥，需要教师创新教学方法来创设教学情境，营造教学氛围，激发学生学习的积极性和动力。但是就目前大学英语词汇教学的现状来看，教师并没有将心思花在教学方法的创新上，而是依然采用陈旧的教学方式，即教师领读单词，讲解词汇用法，学生记忆单词。基于这种课堂教学模式，学生的主体地位被忽视，学生只能被动地学习和记忆，积极性根本无法调动起来，甚至还会产生抵触情绪。此外，教师在教学中对词汇的整体性认识不足，没能将词汇放到具体的句子或情境中，最终导致学生对一词多义理解不深，限制了学生综合能力的提升。

实际上，任何一种语言都产生于实际应用，要想掌握地道的语言，必须浸润在相应的语境中。我国的英语教育应试倾向仍十分明显，很多学生学习英语是为了通过考试，教师也将通过考试作为教学的目标，这样一来，就将英语语境的创设与英语教学割裂开来，只追求语言的外在

---

① Lewis, M. *Second Language Vocabulary Acquisition*[M]. Cambridge: Cambridge University Press, 1997: 255.

第五章　信息化时代大学英语词汇与语法自主学习能力的培养

表达方式,而不深入探究其内在的文化与逻辑,从而使学生用汉语思维去理解应用。例如,"玫瑰"(rose)这一词语在英汉文化中都象征着爱情和美好,除此之外,在中国常用"带刺的玫瑰"形容那些性格刚烈的女子,而英语中常用 under the rose 表示要保守秘密。英语中 rose 的这一文化含义源自英国旧俗,如果在教学中不对此进行说明,学生很难理解和掌握其含义。但实际上,很多教师只从词汇处着手,而未创设语境,这样很难让学生充分体会英语这门语言的魅力,也难以让学生更好地投入学习。对此,教师在教学中应创设符合英语文化背景的语境,从而为学生营造一个英语交流环境,培养学生的英语思维,锻炼学生的词汇运用能力。

(2)教学效果不佳

词汇的学习和掌握要借助记忆来完成,但记忆是一个漫长的过程,如果学生不能在课后及时进行复习和巩固,记住的单词往往会在短时间内忘记。在海量的词汇面前,学生常常会表现出畏惧感,由于缺乏高效的学习方式,加之教学方法方式,使得学生的学习热情不高。而且教师也未能为学生提供应用的机会,这样学生通过死记硬背方式记住的词汇很快就会忘记,进而导致教学效果低下,学生的交际能力也受到限制。

(3)忽视跨文化意识培养

很多英语词语,蕴含着丰富的文化信息,这些词语被人们称为"文化负载词"。经调查显示,很多学生对这些文化负载词完全不了解。而这种情况往往是由于教师在词汇教学中忽视了文化负载词部分,未有意识地运用跨文化意识来培养学生的词汇能力所导致的。具体而言,教师存在的问题体现在以下几个方面。

首先,对文化教学不够重视。这具体体现为以下几点:教师在备课环节的教学目标中没有文化意识目标;教师消极地跟随应试教育的脚步;学校很少组织与英语相关的活动。

其次,教师自身的文化素养不够。大学英语教师虽然具备了扎实的英语专业知识,但英语文化素养有所欠缺。作为学生的榜样,如果教师的文化素养不高,自然也就无法提高学生的文化素养。

最后,文化教学方法不当。教师文化教学的方法比较单一,基本上是讲授法、多媒体展示法等,大部分教师只是在课堂教学中偶尔提到一些特殊词的文化背景,而很少有意识地渗透文化知识。这种教学方式就造成学生只了解词汇的表面意义,而不理解词汇的深层文化内涵。

事实上,跨文化意识和词汇教学是相辅相成的,教师在词汇教学中融入文化知识,能够提升学生的词汇能力和跨文化意识,而词汇量的增加又能进一步帮助学生更好的理解西方文化,培养自身的跨文化意识。

2. 学生学习中的问题

(1)重知识记忆,轻思维锻炼

在词汇学习过程中,很多学生仅仅依靠死记硬背来记忆单词,这种方法并未将思维的锻炼融入进去,学生也很快忘记。实际上,每一个单词都有应用的语境,只有在具体的语境中才能保证理解的准确性,因此学生在对词汇加以理解时需要从具体的语境出发,这样才能实现学生词汇学习的效果。

忽视英语思维的培养是在长久的汉语语境中熏陶下产生的惯性思维,很多学生都习惯运用汉语的语言逻辑去理解、解释和使用英语词汇,由于英语和汉语词汇二者背后的文化与逻辑存在差异和冲突,因此必然会影响学生对英语词汇的有效运用。实际上,无论是英语词汇还是其他语言的词汇,只有深入了解语言词汇的内在逻辑,才能做到自如运用。英语词汇思维的培养不是仅仅靠记忆单词或背诵句子就能做到的,还需要充分理解英汉语言词汇背后的文化历史,这样才能做到掌握英语这门语言的词汇知识。

(2)语义内涵的理解程度差

我国学生是在汉语环境下学习英语的,所以在理解英语词汇的语义内涵时,会不同程度地受到汉语文化的影响,而英汉词汇之间的语义不对等现象会给学生的词汇理解带来困难。具体而言,一方面,学生在本民族文化传统的影响下会形成思维定式,在理解英语词汇时会出现文化语义的偏差;另一方面,中西文化观念冲突会让学生思维混乱,对英语感到束手无策。如果教师忽视词汇文化背景知识的输入,学生在理解英语词汇时就会出现偏差,甚至会在使用中产生误用问题。

(3)缺乏探究意识

一般来说,在大学阶段,学生应该主动地去学习词汇,但是在实际的英语词汇学习中,很多学生仍旧从教师那里获取,不寻找其他的获取渠道,这样的学习就是被动的学习,长此以往,词汇掌握的量也是不充分

第五章　信息化时代大学英语词汇与语法自主学习能力的培养

的。同时,学生不会去主动探究词汇,也无法得知词汇文化的背景知识,这样的词汇学习也会让学生逐渐缺乏兴趣和积极性。

二、信息化时代大学英语词汇自主学习能力的提升路径

（一）使学生在语境中掌握词汇具体用法

在词汇学习中,将其放在具体语境中,往往能起到事半功倍的效果。在英语语料库中,有大量和语境相关的实例,具体的实例主要是通过数据的方式呈现在学生面前。在语境中,学生的注意力能够被有效吸引,使学习的词汇知识得到强化,同时也能对相关使用规律进行总结。在语料库中,学生能了解使用频率较高的一些词汇,加强对词汇具体结构的了解,深化对语言现象的认识,实现出现频率较高的单词的巩固与理解。就 outline 这个单词来讲,在教材中只是标注其主要意思是"概要、轮廓、外形",而在实际教学中,教师可以在语料库中进行检索。通过检索的方式不仅能够了解具体的用法,还能了解相应的使用频率。进而学生认识到这个词不仅能够当作名词使用,也能当作动词使用。而在实际教学中,教师可以用演示的方式实施,进而使学生了解主要使用方式,使学生在学习中的自主学习能力得到加强。

词汇是构成语言的三大要素之一,是语言的基本建筑材料。人类的思维活动与交际活动主要是通过词汇构成的句子来实现的。没有词汇就没有语言,一个人掌握的词汇越多,思维能力和交际能力就越强。

（二）对近义词以及同义词进行检索

由于英语是一门非母语学科,因此学生在学习近义词的过程中存在较大难度。信息化技术为学生提供了各种软件,有利于利用语料库进行词汇学习。而语料库在高校英语词汇教学中的使用,能够使学生在检索过程中获得相应的参考,然后在此基础之上进行大量细致的分析,例如 destroy 和 damage 是两个近义词,那么在实际教学中,就可以在检索栏中将这两个单词输入进去,然后学生会在实际阅读中进行具体分析。同时在学习完这两个词汇之后,也可以将自己在日常生活中遇到的近义词、同义词进行搜索,这种方式便于学生在学习中进行自主对比,使学生的自主学习意识和自主学习能力都能得到增强。

（三）在检索过程中了解不同词汇搭配

词汇搭配的概念提出已久，并且随着社会的不断发展，受重视程度越来越高，词语搭配考查了相应的语法结构以及框架。有相关学者认为词的搭配、语义选择、语义韵以及类连接之间存在紧密联系，它们实现了对词汇组合以及词义的表达，而比较普遍的则是动词与名词之间的搭配。例如，想要了解 trend 这个词时，可以在语料库中进行检索，如 short term trend, development trend, trend up 等，除了这些搭配用法之外，实际上 trend 还有很多用法。这种学习方式的使用，能够使学生在学习中对词汇搭配内容有更深入的认识与了解，同时在实际学习中也可以将查找的内容和自己已知内容进行对比，找出二者之间的差异，进而在实际学习中更有针对性。

（四）进行词汇的复习与巩固

英语语料库在英语词汇教学中的使用，除了能够为学生构建情境，了解近义词、同义词的相关知识，认识词汇搭配，教师也可以利用这种方式，帮助学生进行词汇的巩固。在巩固过程中，练习的方式可以是填空题、选择题，也可以是匹配题。而在实际教学时，教师可以将检索出来的内容进行隐藏，然后让学生根据上下文进行猜测与分析，并且在教师挡住的部分填入适当的内容，而在选择语料库时，教师需要以不同的学习内容为依据进行选择。

在语料库中，学生可以实现对学习词汇内容的拓展，英语语料库中有大量的内容，能够成为学生在学习中的素材，学生可以根据自己的实际学习能力和情况进行选择，学习的范围便不仅局限在教材中，进而使学生学习到的知识能够有更强的实用性，实现对英语词汇的有效巩固。同时这种方式的使用在一定程度上响应国家号召，加强了对互联网技术的使用，促进对学生学习能力的培养，使学生在实际学习中能逐渐形成良好的学习习惯，实现英语综合学习水平的提升。

第二节　信息化时代大学英语语法学习能力的培养

一、大学英语语法教学概述

在语言中,语法是其构架,是语言中词、短语等进行排列组合的方式,其对于语言学习有着十分重要的作用。要想对一门语言予以掌握,就必须弄清楚其排列的规律,因此大学英语教学中也离不开语法教学。

(一)什么是语法

对于语法的内涵,不同的学者有不同的界定。

弗里曼(Larsen-Freeman,D.,2005)认为:"语法包含语形、语义、语用三个层面,三者关系紧密,如果任一层面发生改变,其他层面也会随之发生改变。"[①]

许国璋教授(1995)指出,语法制约着句子中的词汇关系。一种语言中的语法是对该语言中规则、规约制度的反映。基于这些规则、规约制度的指导,词汇才能组成合适的句子。

从上述定义中可知,人们对语法的界定更接近语言的本质。语法本身涉及静态与动态两种形式。就广义来说,人们的听、说、读、写、译五项技能需要语法手段的参与与描写。

(二)大学英语语法教学中存在的问题

1. 教师教学中的问题

(1)语法教学弃而不教或边缘化

大学英语教学一直都在不断变革,教学内容随之不断改变,而随着2004年教育《大学英语课程教学要求》的颁布,大学英语语法教学内容

---

① Larsen-Freeman, D. *Teaching Language: From Grammar to Grammaring*[M]. Beijing: Foreign Language Teaching and Research Press, 2005: 49-58.

退出了大学英语教材,大学英语语法教学也从大学英语教学中退出,最终导致大学英语语法弃而不教或边缘化。这具体体现在两个方面,首先教材中没有了语法内容,教师便失去了教授语法的依据和大纲,学生也将无法系统地获取语法知识;其次课时安排不合理,大学英语教学中多是精读课与泛读课,没有相应的语法课,即使教师讲解语法知识,也是零星的和碎片化的。实际上,语法对于英语语言的学习是至关重要的,语法贯穿于英语学习的始终,对英语综合能力的提升起着重要作用,所以教师不应忽视语法教学,而应积极开展语法教学,丰富学生的语法知识,提高学生的语法能力,为学生的英语综合应用能力打好基础。

（2）教学方式单一

英语语法知识繁多,学习起来十分枯燥,因此很多学生都对语法学习缺乏兴趣。想要改善这种现状,就需要教师创新教学方法,增添语法教学的乐趣,激发学生学习的积极性。但是,当前的大学英语语法教学并不乐观,教师依旧采用陈旧的方式展开,占据课堂的主体,这样学生处于被动的学习,不仅与教育理念不符,也不利于学生的学习,很难发挥学生的主观能动性。

2. 学生学习中的问题

（1）语法意识薄弱

大学生在中学阶段已经进行了很长时间的语法学习,普遍感到枯燥乏味,因此他们认为到了大学阶段就没有必要重点学习语法了。实际上,尽管到大学阶段,语法依然是英语学习的重要内容,因为不掌握丰富和准确的语法,是不可能准确、流利地进行交际的。

（2）缺乏有效的学习方法

在语法学习中,学生往往比较被动,通常是遇到新的问题之后才会去学习语法知识,而当他们学习完一篇文章之后,又把语法学习抛之脑后,这样的学习是很难提升学生的语法能力的。

二、信息化时代大学英语语法教学的创新方法

翻转课堂是随着信息技术的发展而产生的一种新型教学模式,将该教学模式运用于大学英语语法教学,可有效调动学生学习语法的兴趣,

第五章　信息化时代大学英语词汇与语法自主学习能力的培养

促进学生的自主学习能力,提高学生的独立思考能力,进而培养学生的语法能力。翻转课堂这种教学模式不再以教师为中心,而是以学生为中心,教师只是起到辅助作用,学生是教学环节的重点,师生之间处于互动的状态。翻转课堂语法教学模式流程如图5-1所示。

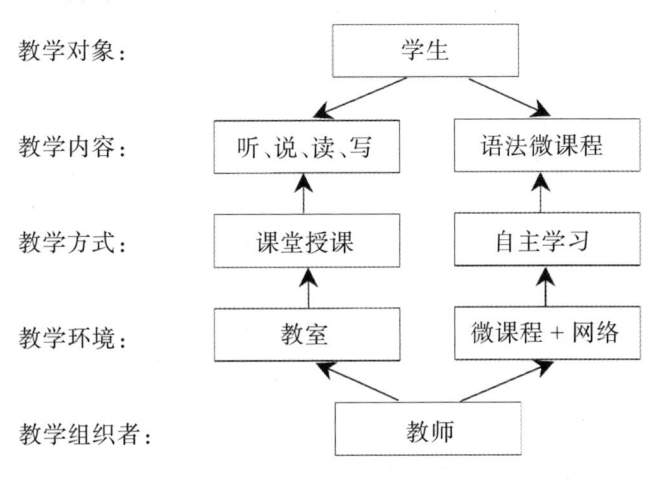

```
教学对象：          [学生]
                   ↙    ↘
教学内容：   [听、说、读、写]  [语法微课程]
                  ↑            ↑
教学方式：   [课堂授课]      [自主学习]
                  ↑            ↑
教学环境：   [教室]        [微课程+网络]
                  ↖        ↗
教学组织者：         [教师]
```

图 5-1　翻转课堂语法教学模式的流程

(资料来源:曾春花,2015)

(一)制订教学计划

翻转课堂是一种创新性的教学方法。在翻转课堂的学习过程中,学生所获取的知识仍然以课本中的知识为主,但是教师在教学的过程中需要用更加严肃认真的态度备课。较之于传统的备课、写教案,翻转课堂的备课则更加复杂,最重要的是需要预先制订详细的教学计划。

首先,在英语语法教学中的每一章节,教师需要明确教学目标和学习要求。结合英语学科的教学特点,再根据教学大纲的安排,分析自己的教学内容,安排到翻转课堂中。其次,在教学的过程中,教师还要兼顾到学生的学习能力,通过对学生的学习能力和学习特点进行认真分析,适当地安排相应的教学内容。内容的设置不宜过难或者过简,一定要符合学生的学习能力,达到学生的最近发展区,并基于学生的理解能力和学习习惯,设计出符合学生认知特点的教学内容和教学环节。最后,教师在教学的过程中要做到突出重点和难点。翻转课堂不是纯粹的、简单的视频教学,也不能完全替代传统课堂。教师要利用翻转课堂有限的时间,使学生掌握所讲知识的重点并能够理解其难点,这就要求教师在翻转课堂的安排过程中合理安排课时,对于重点内容要重点教学,难点内容要技巧化其教学。

(二)重视课前准备

相较于传统的语法教学模式,翻转课堂最大的特点在于以视频微课代替了"黑板+粉笔"的教学方式,但对于已经习惯了传统教学模式的英语教师来说,很难在短时间内适应视频微课这种新方式,因此教师首先要熟练掌握微课的制作技术,灵活运用各种制作软件;其次要重视视频微课内容的整合与加工,在内容选择上要结合课本语法知识,并借鉴网络上优质的教育资源制作短小精致、内容丰富的数字化课程资源。

翻转课堂教学需要特别强调教师的课前准备。通常,教师需要准备两样东西:一个是教学视频的制作,第二个是教学导学案的规划与书写,这二者当中,教学视频是教学中的主体。鉴于教学视频信息化的特点,教师可以制作 8 至 10 分钟的视频。在制作过程中,教师需要根据自己的授课内容,合理地在网上或者通过其他渠道搜集动画、音频等相关资料,这对于教师能力和精力都是一种考验。此外,在录制视频的过程中,教师还需要学习相应的视频制作及剪辑技术。在教学的过程中还有一点需要注意,即整个视频的时间长度不宜超过 15 分钟。

总而言之,整个教学视频的质量由教师把控,所以教师需要对教学视频的效果进行不断优化,对教学视频的质量进行不断改进,使翻转课堂教学模式成为自己的特色教学。导学案是配合翻转课堂视频的材料,它包括整个翻转课堂中的知识框架、学习任务、习题作业等部分。在导学案中教师可以设计任务单,通过任务单明确每节课的教学内容。在导学案中教师还可以添加部分的练习题,这些练习也是在网络环境中完成,反馈课堂教学内容。学生需要先了解到一定的知识框架,再结合导学案,配合教学视频进行综合学习。

(三)创造学习情景

在传统的英语语法教学过程中,学生的参与性不是很高,很容易走神,破解这一问题的办法是让学生参与进来。教师可以在教学的过程中利用翻转课堂创造学习情景,让学生进行角色扮演,开展类似于舞台剧

第五章　信息化时代大学英语词汇与语法自主学习能力的培养

或者情景剧的学习形式,让学生在情景中使用语言,加深学生对学习过程和内容的理解能力和应用能力。在开展活动的过程中,教师要保证每一个学生都有参与的机会。在课下准备的过程中,教师可以通过翻转课堂提前布置作业,让学生为情景扮演做好准备。在学生扮演的过程中,教师认真聆听并分析学生对语言的掌握情况,及时发现并记录学生存在的问题,在课下对学生给予指导。

（四）及时反思反馈

学而不思则罔,思而不学则殆,反思使人进步,教师在教学的过程中要善于反思自己在英语语法教学中所存在的问题。通过翻转课堂的引入,教师还需反思学生在翻转课堂中的表现,发现学生的不足,对于有天分的学生,教师可以及时发掘培养;对于基础较弱的学生要给予重点关注。此外,教师还需对翻转课堂的教学内容和教学环节的设计有所反思,改进和提高自身对翻转课堂的使用水平。教学相长,在利用翻转课堂进行英语语法教学的过程中,除了借助学习平台和成绩了解学生的学习状态和效果之外,教师也可以要求学生对自己的学习状态以及遇到的问题进行反思,并及时反馈给教师。教师针对学生的反思反馈,调整教学内容和方法,提高教学质量,培养学生的英语学科核心素养,从而达到较好的翻转课堂效果。

（五）重视教学评价,建立激励机制

翻转课堂语法教学重在学生的自主学习,为了掌握学生自主学习的频率以及参与程度,确保翻转课堂教学的效果,对学生进行考核评价就显得十分必要,而且这种考核要贯穿于课堂教学的全过程,并且评价形式要多样化,包括学生自我评价、小组评价、教师评价等多种考核评价形式。这种全方位的考核评价机制有利于教师掌握学生对语法教学的参与度和配合度,便于教师了解学生对语法知识的掌握程度,而且对学生有着正向的激励作用。

三、信息化时代大学英语语法自主学习能力的提升路径

（一）课前预习阶段

在英语课程语法教学过程中，引进翻转课堂模式，应首先引导学生进行相关知识的课前自主预习，从而在帮助学生了解教育目标及教育重难点的同时，让其能够独立展开系统化的英语语法学习。虚拟语气作为英语语法体系当中的关键性内容，教师在传授虚拟语气相关知识前，可重点讲解本节课翻转课堂教学重点，要求学生熟练掌握虚拟语气基本定义，同时可熟练运用虚拟语气。在学生自学活动完成后，英语教师要借助具有一定特殊性的谓语动词和有关例句，针对虚拟语气展开分类点评，让学生对虚拟语气产生深度认知和理解。学生透过对虚拟语气有关知识的探究和分析，融合相关练习加以巩固，进而可深刻掌握各类虚拟语气的实践运用技巧，有效提升其英语水平。其次，英语教师在检查和批改课前预习作业过程当中，应及时针对学生完成状况和最终完成效果加以全方面、客观地分析，明确学生在课前预习阶段所存在的问题，从而以此为基础，持续调整教学重难点和教学手段，充分满足学生个性化学习诉求。

（二）课堂教学阶段

一般来说，翻转课堂的有效应用和推进，可以使学生在课前阶段进行充分预习，从而掌握丰富的英语语法知识，让英语教师在课堂教学阶段拥有更多时间针对学生的不足之处加以深度指导和教育，同时对于学生当前掌握的语法知识加以拓展。英语教师在具体教学中，可充分收集学生在语法知识学习过程中的困惑，通过小组探讨进行问题解决。在此过程中，教师应针对这些问题加以分类，优先分析学生普遍存在的问题。比如，在虚拟语气条件下的从句知识讲解过程中，多数学生普遍对主句与从句间存在的谓语形式存在困惑，容易在实践中应用错误语法形式。对于该问题，英语教师要及时掌握学生出现错误的根本原因，然后引导学生以例句为基础展开小组探究，使学生对不同时态语境下的谓语形式展开深度分析与总结，通过句式分析让学生理解相关语法知识。在小组内部展开分析探究过程中，英语教师应明确自身引导者地位，积极

第五章　信息化时代大学英语词汇与语法自主学习能力的培养

鼓励学生群体发挥自我主观能动性,让其可以按照个体特征及接受水平进行语法知识学习,并与同学、教师进行深入互动,进而有效促进学生独立解决实际问题,提升其独立思考与自学能力,从而实现促进学生英语能力综合发展的教育目标。

(三)课后评价阶段

在英语语法翻转课堂教学的最后阶段,英语教师要有效控制课程教学进度和节奏,积极组织学生针对组内成员具体学习状况展开全面、客观的分析和评价,让学生可借助他人视角了解自身不足之处与自我优点,进而明确未来语法知识学习方向。当前,在英语课程语法教育活动中,英语教师亦要按照学生小组探究结果针对学生展开客观评价,以学生合作探究过程当中的具体表现和学生小组探究最终结论为基础,对其展开评价和总结,摒弃以往仅注重学生语法探究结果对错的评价理念。与此同时,在上述评价活动完成后,英语教师还要激励学生对个体表现展开客观点评,让学生可以正确认知自我,积极面对自身优点和不足。除此之外,英语教师还要组织学生对于英语语法有关概念、实际用法等知识展开全方位与系统化的学习。在此过程中,教师应注意强调学生存在疑问的知识点。在全面梳理英语语法有关知识点后,教师可呼吁学生积极运用所学知识内容完成语法训练习题,同时鼓励学生积极收集更多关于英语语法的资料,与组内成员互相沟通借鉴对方经验,并在课堂中展示所获得的学习体会与感想。

第六章 信息化时代大学英语听说自主学习能力的培养

听力是英语的重要技能,也是交际的重要形式,人们通过听来接收信息,进而交流信息。随着全球化的发展和国际交流的频繁,听力的作用和意义日渐凸显,因此听力教学在英语教学中的地位也越来越重要。口语是人类交流信息和表达思想的方式之一。在日常交际中,人与人之间的对话是应用最广泛、最普遍的方式。随着中外交流的日益频繁,英语口语的作用越来越显著,因此英语口语教学开始受到人们的关注和重视。本章主要研究信息化时代大学英语听说自主学习能力的培养。

第一节 信息化时代大学英语听力学习能力的培养

一、大学英语听力教学概述

(一)英语听力

在学者罗宾(Rubin,1995)看来,"听是一个包含主观能动性的过程,它涉及听者信号的主动选择,然后对信息进行编码加工,从而确定正在发生的事情以及发话人想要表达的意图"①。

---

① Rubin, J. An Overview to "A Guide for the Teaching of Second Language Listening" [A]. *A Guide for the Teaching of Second Language Listening*[C]. D. Mendelsohn & J. Rubin. San Diego, CA: Dominie Press, 1995: 7.

第六章　信息化时代大学英语听说自主学习能力的培养

理查兹和施密特(Richards & Schmidt,2002)对"听力理解"进行了专门的探讨,他们认为,"听力理解涉及的对象是第一语言和第二语言,所要做的事情就是弄懂这两种语言。但是,对这两种语言的理解是有本质区别的。其中,对第二语言的听力理解比较关注语言的结构层面、语境、话题本身以及听者本身的预期"[①]。

"听"不是单一的,是连续不断的一种处理过程,包含以下部分。

(1)如何将语音进行划分。

(2)如何对语调形成一种认识。

(3)如何对句法进行详细的解读。

(4)如何把握语境。

大多数时候,上述过程是在人们的无意识中悄悄进行的。

此外,两位学者还就"听"和"读"的联系与区别进行了阐释,并认为与"读"相比,"听"的作用更加显著,具体包含以下几点。

(1)让人感受到一种韵律的美。

(2)让人产生一种追逐速度的急切心理。

(3)对信息的加工和反馈都在最短的时间内完成。

(4)耗时较短,通常不会重复进行。

"听"与"读"都是一种对信息的输入,但是在大学英语听力教学中教师绝对不能将"听"看作阅读的声音版,而应该认真研究"听"的本质属性,并据此去组织教学,从而帮助学生获得一定的听力技能。

(二)英语教学中的听力训练

1. 听力训练的形式和方法

(1)听—画:学生边听英语,边画出相应的图画。

(2)听—视:学生边看黑板上的图画,边听教师讲。有条件的地方可利用投影仪、幻灯片或录像机进行视听训练。

(3)听—答:教师对听的内容进行提问,要求学生口头回答。

(4)听—做:教师根据所听的内容发出指令,要求学生做出相应的行动或表情,如 Show me how David felt when he met Jane at the

---

[①] Richards, J. C. & Schmidt, R.. *Longman Dictionary of Language Teaching and Applied Linguistics*[M]. London, UK: Longman, 2002: 313.

airport. 教师使用课堂用语时向学生发出的指令也应属于此类,如 Come to the front.

(5)听—猜:学生在听前根据教师的"导听问题"(guiding questions)提示,并结合已学的知识对所听的内容进行预测(predict)。

(6)句子段落理解:教师放录音或口述句子、段落。学生一边听,一边看教师示范表演:各句意思以指出或举起相应的图画或做相应的动作来表示;教师用手势画出单词重音、语调符号和节奏,让学生模仿。

(7)短文理解:学生先听录音,然后根据短文的内容,进行形式多样的练习帮助听力理解,如听录音回答问题,听录音做听力理解选择题,听录音判断正误,听录音做书面完形填充练习,复述短文大意,做书面听力理解练习题等。

(8)课文听力训练:教新课文之前,先让学生合上书本,听两遍课文录音,或听教师朗读课文;讲课文时,教师一边口述课文,一边提出生词,利用图片、简笔画、幻灯或做动作向学生示意,帮助学生达到初步理解的目的;学生根据课文内容进行问答,如就课文中生词或词组提问、就课文逐句提问、就课文几句话或一段话提问等。

2. 听力训练的原则和要求

(1)熟练掌握英语课堂用语,尽可能用英语组织教学。

(2)充分利用音像手段(如录音机)和软件资料进行大量的听力训练。

(3)遵循循序渐进的原则,听力训练时听音材料难度应该由浅入深,生词量小,语速由慢到快,长度由短到长。

(4)尽量将听与说、读、写等活动结合起来进行训练。

(5)结合语音语调的训练,特别是朗读技巧(单词重音、句子重音、连读、辅音连缀、停顿和语调)来训练听力。

(6)听前让学生明确目的和任务。

(7)把培养听力技巧(辨音、抓关键词、听大意、听音做笔记等)作为教学的主要目标。

(8)布置适量课外听力训练。

（三）大学英语听力教学中的障碍

大学生已经学习了多年英语,对语音、词汇、语法和句型等都有了一定程度的掌握,因此很多学生甚至教师都认为,掌握了这些内容就可以提高听力水平。英汉民族文化存在较大的差异,这给语言交流造成了很大的困难,对听力的有效进行以及大学英语听力教学的开展都造成了一定的影响。因此,要想切实提高英语听力能力,并能够运用这一技能进行跨文化交际,就要加深对西方文化的了解和认识,从深层次上提高英语听力能力。

1. 词语文化内涵差异层面

在听力学习过程中,很多学生都反映有的听力材料看上去并不复杂,也没有生词,语言结构也不复杂,但在听的过程中总觉得晦涩难懂,无法理解其内涵。这种情况主要是由于对词语的深层文化内涵不理解造成的。例如:

Wendy: What do you think of Vicky Chad?
Chad: She is a cat.
Question: Does Chad like Vicky?

对于学生而言,上述对话没有任何陌生单词,理解起来并不难,但是在回答的过程中往往会答错,这主要源于中西方文化的差异。在中国,猫是可爱温顺、讨人喜爱的动物,但在西方国家,猫有着另外一层文化含义,指"心存险恶的女人"。上述对话中的"She is a cat."实际上是说Vicky是一个狠毒、心怀叵测的女人。由此可见,很多理解障碍并不是由语言本身引起的,而是由对西方文化的不了解引起的。因此,在大学英语听力教学中,教师应注意教授学生一些相关的文化知识,培养学生的文化素养,从而切实提升学生的听力能力。

2. 社交差异层面

学生学习英语听力是用来社交的,如果不了解中西方社交差异,将会对其交际过程产生不利的影响。中西方社交差异在多个方面都有体现,在俚语的表达方面尤其突出。英语的俚语相当于汉语的歇后语,蕴含着发人深思的内涵。例如,fill someone in 的真正含义是"告诉某人,让他了解一些状况"。由于我国大学生对英国的社交文化不了解,很容易逐词逐句地理解这一短语,将其理解为"把某人填进去",这必然会对听力产生影响。

除了上述两个方面,英汉的思维模式差异、历史背景差异、地理环境差异等都对听力有着重要的影响,在具体的教学中,教师应尽量全面地丰富学生的文化知识,提高学生的文化素养,为学生听力能力的提升排除文化障碍。

(四)大学英语听力教学中的常见方法

1.技能教学法

听力的有效进行是需要一定的技巧的,因此在大学英语听力教学中,教师应向学生介绍几种常用的听力技巧。

(1)听前预测

在进行听力之前,进行一定的预测是很有必要的。在教学中,教师可以指导学生在正式听听力材料之前,先浏览一下听力问题,据此预测听力测试的范围,如地点、时间、人名等,这样可使听力更具针对性。

(2)抓听要点

在听的过程中,要学会抓听要点。也就是抓听交际双方言语活动中的主要内容、主要问题、主题句和关键字等,对于一些无关紧要的内容则可以不用重点去听。

(3)猜测词义

听力过程中不可能听明白每一个词,而且有时难免会遇到陌生的单词,此时如果停下来思考这个词的意思,就会影响整个听力材料的理解。这时可以继续听,通过上下文来猜测词义,这样既不会中断思路,也能流畅地理解听力材料内容。

(4)边听边记

听力具有速度快和不可逆转性的特点,听者在有限的时间内不可能听懂和记住所有的内容,此时就需要借助笔记来辅助听力活动,也就是边听边记录。听力笔记不需要十分工整,听者自己能看明白即可。

2. 文化导入法

（1）通过词汇导入

在大学英语听力教学中通过词汇向学生导入文化知识，不仅可以提高学生的文化意识和素养，还能丰富学生的词汇量，为听力能力的提高奠定基础。在听力教学中，有意识地扩大学生的词汇量，丰富学生的词汇文化知识，将对学生听力能力的提升大有裨益。

（2）通过网络多媒体导入

现代信息技术的发展促使网络开始普及，而且在各个领域发挥巨大作用。在信息化时代，教师可以充分利用多网络技术向学生输入文化知识。

3. 电影辅助法

英语电影能够营造真实、生动的听力环境，而且能够帮助学生更好地了解西方文化，从中体会中西方文化差异，进而提高跨文化交际能力。因此，将英语电影运用于大学英语听力教学，可有效激发学生的学习兴趣，提高教学的效率和学生的听力水平。具体而言，可采用以下步骤开展教学。

（1）观赏影片前

在观赏影片之前，教师和学生需要做一些准备工作。这些准备工作是指，在选定影片之后，教师要为学生布置好与电影主题相关的作业，鼓励学生在课下通过网络搜集一些与电影背景相关的信息，通过此方式加深学生对影片的了解。在临近观看前，教师要对影片的相关内容进行介绍，并提出拓展学生思维的问题，如影片中有哪些俚语以及主角爱好等，这样能够引导学生带着问题和好奇心去观看影片。在准备工作完成之后，学生在了解影片的基础上，边观看影片边解决问题，从而达到更好的学习效果。

（2）观赏影片中

在观看影片的过程中，教师可选择和运用影片中某个经典的片段的放映来指导学生进行精听。精听要求学生听清每一个词、短语和句子，清楚每一个情节。通过精听，教师可以更好地引导学生学习影片中的语言。在精听的同时，教师还可以采取泛听的方法，让学生了解影片的故事梗概。此外,在播放影片的过程中,教师可以根据学生的英语水平和影片中的相关内容适时暂停影片,提醒学生影片中的一些关键对话,辅助讲解一些俗语、委婉语、禁忌语等,同时分析其中所涉及的中西方文化差异,帮助学生掌握语言精华,培养跨文化意识。

(3)观赏影片后

在影片结束之后,教师可以有针对性地进行扩展活动,即选择影片中的经典情节,组织学生进行角色扮演,从而巩固学生的听力水平,锻炼学生的表达能力,提高学生发音的准确性,培养学生的语感,同时树立学生的信心,促使学生合作学习。另外,教师可以鼓励学生谈论影片的主题及意义,引导学生撰写影评,这样可以巩固学生通过影片所学的词汇、语法等知识,进而提高学生的听力水平。

总体来说,英语电影语言丰富、情节生动,深受学生的喜爱,将其运用于大学英语听力教学,将能够为学生营造一个真实的语言环境,锻炼学生的听力。但需要注意的是,采用电影辅助法开展大学英语听力教学,在选材上要多加留意,要选择那些语音纯正、用词规范、内容健康的经典影片,这样才能让学生学到地道的英语表达,从而提高学生的听力水平。

4. 游戏教学法

大学生"说不出,听不懂"的问题依然是大学英语听力教学中的重要问题,而基于信息技术的发展,游戏教学法成了听力教学的突破口。游戏教学法寓教于乐,能有效激发学生参与听力教学的积极性,促使学生实现知识能力的自我构建。

(1)设计学习目标

具体而言,学习目标的设计涉及以下三个问题。

①交互式游戏教学环境的构建问题。

②学生参与交互式游戏教学的积极性和主动性问题。

③交互式游戏教学的效果问题。

(2)分析教学对象

在开展游戏教学时,还要对教学对象,即学生进行分析,了解学生的学习需求、学生感兴趣的内容等,进而实施因材施教,确保教学效果。

(3) 游戏教学的设计和应用

网络游戏深受广大学生的喜爱,对此教师可以依据网络游戏来开展大学英语听力教学。具体而言,教师可根据游戏中玩家协作和竞争的模式,设计角色扮演的游戏教学程序。

二、信息化时代大学英语听力教学的创新方法

(一)加入多样化教学工具

1. 英语歌曲欣赏

在学习的闲暇时间,学生可以欣赏一些英语歌曲,这样可以使自己身心放松,营造自身英语学习的氛围,另外,英语歌曲还可以帮助学生学习其中的一些表达方式,尤其是一些发音的技巧等,有效激发他们学习的积极性。平时,教师可以引导学生多听一些具有文化特色的英语歌曲,也可以选择一些有意义的歌曲,然后教师让学生了解歌词的内容,再通过听写、填空等方式为学生出题,让学生真正地听懂。

2. 英语竞赛视频

在平台上,还会有一些竞赛演讲的视频,学生可以通过这些视频感受其中的语音语调,感受优秀演讲者是如何进行演讲和应变的,这样学生不仅可以提高自身的听力,还会掌握一些演讲的技巧。多听一些竞赛的视频,从不同的角度来看待问题,这样可以不断提升学生的听力理解能力。

3. 访谈视频

一些名人的视频对于学生的听力学习也是非常有利的,学生本身会被一些名人、明星吸引,然后通过观看他们的视频,会带着好奇心去听、去看,这对于提升他们的听力水平是非常有利的。

当然,一般访谈的内容包含多个层面,或者是为了沟通情感,或者是为了讲授生活中的一些有意义的事情,或者是介绍自己的一些经历等,这些都容易引起学生的共鸣,同时还能够从他们的表情、语速中,学到一些听力技巧以及如何处理一些紧急的事情等。

(二)建立多元化考核机制

在评价体系上,高校英语听力教学要求以学生的专业能力、综合素养等作为教学目标,提倡学生展开自主学习与协作学习,这就要求在评价中必须打破传统的评价方式,即仅采用终结性评价,以教师考核为主。英语听力教学要求采用多元评价考核机制,即教师考评、学生自评、同学互评等相结合,实行终结性评价与形成评价相融合,使学生从被评对象变成主人,而教师从单一的评价者变成评价的组织者。

三、信息化时代大学英语听力自主学习能力的提升路径

(一)充分利用线上优质听力资源

大学生在进行听力自主学习的过程中,可以充分利用线上优质听力资源,以 TED 为例。TED（Technology, Entertainment, Design）是美国的一家机构,宗旨在于用思想对世界加以改变。TED 演讲的领域从最开始的娱乐领域、技术领域等逐渐向各行各业拓展。每年的 3 月份,TED 大会在美国召开,其中参加的人物涉及商业、科学、文学、教育等多个层面,将它们对这些领域的意见和建议进行分享和探讨。TED 官网的思想性、可及性等为听力教学提供了具体的借鉴。

第一,为英语听力技能教学提供了大量真实的语料,这与传统的音频存在较大差异。传统教学中学生上课接触的语料大多为以本族语为母语的优秀英语人才录制而成的,虽然也保证了语音的纯正性,但是改变了交际的真实性。

第二,演讲的主题涉及各个领域,这与语言学习是一部百科全书的观点有着相似性,因此就有助于用于英语听力教学的开展。

第三,演讲者都是各个领域的一些杰出人物,传达的思想具有前沿性,这有助于提升英语学生的思辨能力。

第四,TED 官网上发布的视频多控制在 15 分钟之内,是较短的视频,最长的也不超过 20 分钟,这与当前的慕课、微课教学模式相符,也符合英语听力技能的混合式教学。

第五,演讲者是从各地来的,各种真实的情境可以让学生感受到手势、眼神、语速、重音等的运用。

第六，TED官网的视频虽然没有字幕提示，但是在下面会设置独立的互动文稿，并将演讲者的话语显示出来。这便于学生对听的方式进行选择，可以是纯视频的形式，也可以是视频＋字幕的形式，或者是先观看视频，之后看字幕。

第七，TED官网的可及性可以让学生选择听的时间、听的内容等，学生制订符合自己学习的目标，对内容加以选择、对进度加以控制，实行自控式学习。

TED视频最大的特点在于提供给学生真实的情境，通过这种真实的听，保证了语言形式、思维以及科技的融合。

（二）合理设计听力翻转课堂

在课程开始之前，教师需要布置好音频与视频材料，学生自行听这些材料。在课堂开始后，教师主要负责引导，他们不再对材料进行详细的讲解，然后给学生对答案，而是将更多的时间用在为学生讲解听力技能上，然后为学生介绍相关的背景知识。课堂的展开方式也可以有很多种，可以是表演形式，也可以是讨论形式等。

教师除了应用教材外，还可以自己录制或者应用他人录制好的音频或者视频，在录制时，设置相应的生词、短语以及句型，并添加一些背景知识，这些对于教师来说不仅可以节省时间，还可以提升学生的学习质量和效率。

教学总是围绕书本内容展开的，学生接触的英语材料是非常有限的，如果他们的语言输入不足，那么必然会对他们的语言输出产生影响，这样长期下去，学生对英语学习就失去了兴趣和积极性。另外，随着网络的发展，网络上有着丰富的教学资源，这些资源对于学生的英语学习也是非常有利的。听力与英语其他科目不同，其学习需要学生进行大量的练习，因此教师可以通过网络平台，为学生搜集相关的音频或者视频资料，让他们展开听力练习。

教师可以对这些网络资源进行整合，为他们的翻转课堂所用。例如，课堂教师可以从TED网站上选择一些音频或者视频，将视频与任务为学生布置下去，让学生有充足的时间进行观看。还可以从学生的不同程度出发，将学习任务分开，如果学生的水平是初级的水平，那么要求他们听懂大意即可，如果学生的水平是较高水平，可以让学生自己去查找一些相关背景,让他们弄懂整篇文章,这样在课堂上他们可以相互讨论,使自己成为学习的主体。

第二节 信息化时代大学英语口语学习能力的培养

一、大学英语口语教学概述

(一)口语的内涵分析

20世纪七八十年代,西方国家涌现出大量的移民,在美国、新西兰、加拿大等国家都是如此,在这一现状的影响下,语言学领域的研究者以及作为一线工作者的教师对语言学习的传统模式有了很大的意见,他们的理念开始发生转变。这些人认为,学生只掌握语言的语音、词汇、语法等知识并不能真正地学会英语,更不意味着可以流利地开口讲英语,甚至不能利用自己所学的这门语言在社会上谋生。随后,学者以及教师开始将英语语言能力看作交际能力的一个组成部分。

有的学者认为,交际能力是语言学习者与他人利用语言这门工具所进行的信息互动,进而生成一种有意义的能力,这种能力区别于做语法、词汇知识选择题的能力。然而,学习者如果想要获取更加高级的交际能力,就必须对所使用语言的社会环境、文化环境有一定的了解。社会语言能力往往指的是使用语言的人在不同的场合与环境中运用语言的能力,这一能力涉及的层面如下所示。

(1)语域,即正式语言或非正式语言的使用。

(2)用词是否恰当。

(3)语体变换与礼貌策略等。

(二)口语学习的原则

1. 先听后说原则

在英语语言技能中,听和说是相辅相成的,听是说的基础,俗话说"耳熟能详",只有认真听、反复听、坚持听,才能最终说一口流利的英语。因此,口语学习应当坚持先听后说原则,即教师首先应注意加强学生听的能力,其次才是说的能力。只有坚持先听后说原则,才能帮助学生掌握正确的发音,为训练口语能力打下良好基础。

2. 内外兼顾原则

口语能力的提升需要大量的练习,但口语课堂教学时间是有限的,学生的口语表达能力不可能在有限的课堂时间内得到锻炼和提升,还需要充分利用课外时间。对此,学生在开展口语学习时,应遵循内外兼顾原则,即将课堂教学与课外活动相结合,全面提高自身的口语能力。在课堂教学练习的基础上,学生开展相应的课外活动,可以将课堂上所学习的知识在课外活动中进行充分实践,从而达到复习、巩固知识的目的。

3. 科学纠错原则

学生口语能力的锻炼需要学生不断说,而学生在说的过程中难免会出现各种问题,有些教师不注意纠错的方式,一旦发现学生表达有误,就打断学生进行纠错,这样不仅会打断学生的思路,还会挫伤学生的自信心,更会使学生失去说的勇气。对此,教师应遵循科学纠错原则,即对学生表达过程中出现的问题加以区别对待,根据学生的性格和所处的场合分别处理。这样能避免影响学生的积极性,也能使学生认识到自己的错误并自行加以改正。

(三)大学英语口语教学中的障碍

文化差异对口语交际有着重要的影响,对英语口语教学的影响也是显而易见的,因此教师在开展英语口语教学时要让学生了解文化差异所产生的影响,培养学生的文化差异意识。

1. 词汇内涵差异层面

词汇是人们撰写文章、口语表达思想的基础,要想准确地传递信息和情感,首先要掌握大量的词汇,并且要了解词汇的含义,包括基本含义和内在文化含义。如在汉语文化中,"马"(horse)被人们视为朋友,属于积极进取、奋发图强、吃苦耐劳、勇往直前的正能量代表,如"马到成功""龙马精神"等都表达了这一象征意义。但在英语文化中，horse常用来做普通的喻体而已，和马毫无关系，如 white horse（泡沫翻腾的浪峰），a horse of another color（完全不同的另一回事）等。

2. 语用规则差异层面

语言交际是有一定的规则，即语用规则。如果不了解英汉语用规则，就会对交际造成影响。例如，在寒暄方面，中国人见面习惯说"吃过了吗"表示关心。这样的表达并不在于"吃饭"本身，而是一种招呼用语，有着类似于"你好"的问候语义，相当于英语中的 hello。但是在西方国家，如果听到"Have you eaten yet？"时，会理解为对方想请他吃饭，然后会做出回应："Thank you, it is very kind of you."对此，在英语口语教学中，教师应向学生介绍英汉语中的语用规则，和英汉语用规则的差异，以免学生在交际实践中出现误解而影响交际。

3. 地理环境和气候条件差异层面

地理位置不同，其气候条件也会不同，这会对文化产生一定的影响，进而在语言中有所体现。例如，英国是个岛国，多面环海，处于温带海洋性气候带，气候四季温暖。受地理环境和气候条件的影响，英国降雨频繁，随时都有可能下雨，因此人们常随身带伞。基于这一背景，在日常生活中就不宜跟英国人开关于天气的玩笑，否则会引起交际失败或者冲突。

（四）大学英语口语教学的常见方法

1. 文化对比法

英汉文化差异对口语交际有着很大的影响，因此在英语口语教学中，教师应加入中国文化元素与西方文化元素的对比，呈现中西方文化之间的差异。以饮食文化为例，西方人宴请客人时多考虑客人的口味、爱好，菜肴通常经济实惠。中国人为了表示热情好客，在请客时通常准备多道菜肴，而且讲究菜色搭配。引导学生进行文化对比，不仅能提高学生的文化适应性，也能减少汉语思维的负面影响，进而提高学生的跨文化交际能力。

2. 课外教学法

英语课程的课堂时间十分有限,学生仅仅依靠课堂上的学习时间往往很难满足自身学习任务的要求,所以教师应该引导学生自动利用身边一切可以利用的时间和环境来练习口语。在课外,学生学习的知识可以作为课堂教学内容的补充,如果教师能够利用丰富的第二课堂,即课外活动,那么学生自身的口语能力提升的速度也是显而易见的。例如,教师可以组织学生进行英语演讲、英语口头作文比赛、英语短剧表演等,让学生将自己的表演录成视频,在多媒体教室播放,学生通过观看视频来提出自己的建议与评价,这可以在短时间内提升学生的英语口语能力。此外,有条件的教师还可以邀请一些外籍教师为学生进行课外讲座,或者创办英语学习期刊,设立英语广播站等,让学生在丰富自己课余生活的同时也能体会到英语口语的乐趣,从而更加热爱英语口语学习。

3. 美剧辅助法

大学校园中,美剧十分流行,深受学生的喜爱。实际上,美剧不仅是一种消遣方式,还是帮助学生认识西方文化、提高口语表达能力和交际能力的重要途径。对此,教师可以通过美剧来开展口语教学,以改善口语教学环境,激发学生的学习兴趣,锻炼学生的口语表达能力。

(1)选择合适的美剧

美剧通常语言地道、故事情节生动富有吸引力,是一种有利于激发学生兴趣的学习资料。美剧类型丰富,题材各异,不同类型的美剧对学生的口语能力所发挥的作用也不相同,因此在运用美剧开展口语教学时,教师要对美剧进行筛选,选择有利于发展学生口语水平的美剧。此外,教师还要提醒学生不要只沉浸在对美剧的欣赏中而忽视对美剧中语言知识和文化背景的学习,鼓励学生带着学习动机来观赏美剧。

(2)开展层次性的反复训练

在运用美剧进行口语教学时,教师应遵循循序渐进原则,开展反复性的练习,逐步提升学生的口语能力。例如,在首次观看的时候,教师要引导学生将精力放在剧情上;在第二次观看时,教师可以引导学生对剧中的表达和语法等进行推敲;第三次观看时,教师可引导学生重点对人物说话的语气以及台词所隐含的内容进行挖掘和分析。分层逐步开展,可以有效加深学生的理解和记忆,对提高学生的口语能力十分有利。

(3)关闭字幕自主理解

在看美剧时,很多学生习惯看字幕,脱离字幕将无法正常观看影片,实际上这样观看美剧对提高口语表达能力并不利。在观看美剧时,学生应对台词形成自己的理解,在不偏离剧情中心思想的情况下抛开字幕自主理解,可以有效锻炼英语交际思维。

(4)勇于开口模仿

学生要想通过美剧切实提高口语交际能力,就要在听懂台词、了解剧情的基础上开口说,即对剧中人物的台词进行模仿。只有不断地开口练习,才能培养英语语感,增加知识储备,进而提高口语交际能力。

4. 创境教学法

口语学习的目的是进行实际交际,所以学生只有在真实的情境中开口说英语,才能使自己的口语能力得到锻炼。对此,教师可以采用情境教学法开展口语教学,即创设真实的情境,让学生在真实的环境下学习口语。具体而言,教师可以通过角色表演和配音两种活动来创设情境,锻炼学生的口语能力。

(1)角色表演

教师可以根据教学内容让学生进行角色扮演,将主动权交给学生,让学生自主分工、自行排练,然后进行表演。这种方式深受学生喜爱,不仅能缓解机械、沉闷的教学环境,还能激发学生说的兴趣,让学生在真实的社会场景中进行社交活动,锻炼口语能力。当学生表演结束后,教师不要急于评价学生,应先给学生一些建议,然后再进行点评和总结。

(2)配音

配音是一种有效锻炼学生口语能力的方式,教师可以充分利用配音活动来提高学生的口语水平。具体而言,教师可以选取一部英文电影的片段,先让学生听一遍原声对白,同时向学生讲解其中的一些难点,然后让学生再听两遍并记住台词,最后将电影调至无声,让学生进行配音。这种方式可有效激发学生开口说的积极性,而且能让学生在欣赏影片的同时锻炼口语能力。

二、信息化时代大学英语口语教学的创新方法

(一)教学理念和教学目标

在高校英语口语教学中,应该坚持以学生作为中心,课堂内应该将学生的主体作用发挥出来,教师充当主导的角色,这样才能真正地提升教学的效果。基于这样的理念,高校英语口语教学应该对学生的自信心、准确性等进行培养,发挥英语作为工具的作用。开学初期,教师应该对不同阶段学生的口语评价标准有清晰的了解,学生首先对自己的英语口语水平有所了解,教师进而展开诊断性评断,引导学生对口语学习目标等进行制订,这样提升英语口语教与学的水平。

(二)课前线上翻转预习

高校英语口语教学是建立在英语综合教程基础上的。在课前,预习主要是线上的预习。教师在设置预习任务的时候,应该从单元课文主题设计出发,采用多种形式,如问题讨论形式、朗读形式、角色扮演等形式,便于学生展开移动学习,为课堂的展开做铺垫。

同时,学生应该利用网络技术,对相关英文文章、视频等进行搜索,对课堂口语学习任务进行准备。通过线上学习,学生展开英语语言的输入与输出,为课堂展开做铺垫,还能一定程度上增强学生口语表达的自信心。这种模式将传统的讲授式教学进行颠覆,实现了从教到学的转变,也调动了学生学习的积极性。

三、信息化时代大学英语口语自主学习能力的提升路径

(一)课中线下交流 + 信息技术

在课堂上,教师检查学生口语任务的完成情况,教师的角色也发生了转变,从操控者逐渐向指导者转向。在课堂上,口语活动除了面对面交流,还可以通过 QQ 语音来参与,这样可以使学生都参与其中,增强学生参与课堂的程度。

教师对学生的口语情况进行反馈,分析学生的口语流利情况、语音情况、词汇是否多样、语法是否准确等,帮助学生对口语进行诊断,进而

让学生更有效地进行学习。在课堂中,教师可以利用慕课资源,对学生的口语教学进行辅助,实现课堂与网络之间的融合,提升高校英语口语教学的效果。

高校英语口语课堂教学建立在其他技能教学的基础上。因此,学生在听的基础上展开讨论与复述,这其实是在促进说。在阅读中,教师从文章内容中提出一些具备挑战的问题,让学生发散思维,提升综合能力。对于每一单元的课文,学生可以进行朗读或复述,这样可以纠正学生的发音情况。当然,口语活动结束之后,教师可以要求学生展开一定程度的写作,这样可以使口语与写作相融合,提升学生的综合语言能力。

(二)课后线上+线下拓展学习

在课堂结束之后,学生可以运用网络技术展开线上与线下的学习。采用校园的听说系统,利用网络技术进行重复训练,对自己的学习效果加以巩固,提升自身的准确度与流利性。从课堂教学出发,为学生布置新的交互活动,如讨论、角色扮演等,学生在线下进行准备,然后通过手机录像上传,教师可以选取其中一些在下一节课进行展示。

学生利用教师推荐的网站与链接,在课堂结束后展开自主学习,如果学习中遇到问题,教师可以通过微信直播等形式为学生解惑。这些任务可以让学生的口语学习转到课外。在课堂结束之后,鼓励学生参与第二课堂或者一些朗诵比赛、话剧活动等,这也是线下学习的方式,从而不断提升学生的口语交际能力。

第七章 信息化时代大学英语读写自主学习能力的培养

阅读与写作是学生学习英语时必须要掌握的技能,也是对学生英语水平进行衡量的一项重要指标。通过阅读,学生可以获得丰富的信息,拥有丰富的体验,感受语言带给自己的文化魅力。通过写作,学生可以将自己的思想观念通过英语表达出来。本章主要研究信息化时代大学英语读写自主学习能力的培养。

第一节 信息化时代大学英语阅读学习能力的培养

一、大学英语阅读教学概述

在语言学习过程中,阅读能力一直都发挥着重要的作用,因此很多国家都十分重视阅读。例如,美国做过"美国阅读动员报告",英国启动了"阅读是基础"运动,两国还投入了大量人力和财力来推动国民阅读能力的培养。在中国教育教学中,阅读能力也深受重视。关于阅读的定义,不同的学者发表了不同的看法。

纳托尔(Christine Nuttall,2002)对阅读的理解总结为以下三组词。

(1)解码,破译,识别。

(2)发声,说话,读。

（3）理解，反应，意义。[①]

"解码，破译，识别"这组词重点关注阅读理解的第一步，也是十分关键的一步，能否迅速识别词汇，对于读者而言有着重要的影响。"发声，说话，读"是对"朗读"这种基本阅读技能的诠释，这属于阅读的初级阶段。朗读是将书面语言有声化，在各种感官的共同作用下加快对阅读内容的理解，这有助于语感的培养。通常，随着阶段的提升，读的要求会从有声变为无声。"理解，反应，意义"强调阅读过程中意义的理解与交流。在这一过程中，读者不再是被动接受阅读材料中的信息，而是带着一定的目的，积极地运用阅读技巧去理解阅读材料的主要信息。

Aebersold（2003）认为，读者和阅读文本是构成阅读的两个物质实体，而真正的阅读是二者之间的互动。

王笃勤（2003）指出，阅读是一项复杂的认知活动，是读者提取文本中的信息并与大脑中已有的知识结合，从而建构意义的过程。读者理解阅读文本的过程中主要涉及三种信息加工活动，分别是对句子层面、段落或命题层面、整体语篇结构的分析活动。

由上述定义可以看出，很多学者都认为阅读涉及读者和阅读文本，并且认为阅读是这二者之间的交流互动。简单而言，阅读就是读者积极运用已经掌握的语言知识和背景知识等对语言材料进行处理，同时获取信息的过程。

（一）英语阅读教学中语言处理的艺术

学生学习内化语言的过程就像人们消化吸收食物的过程。囫囵吞枣式的进食，虽然也能给人维持生命的养料，但会造成消化不良，甚或厌食。阅读教学也存在着这样的问题，填鸭式流于表面的教学，让学生缺失学习的体验与享受。阅读的过程应该让学生充分理解文本的内容，品味语言的"色香味"，让阅读成为一种享受，学生才能更好地吸收文本中的"营养"。

阅读是思维的过程。Anderson 等（2001）对 Bloom 的认知分类进行调整，确立了认知加工的 6 个维度"记忆、理解、应用、分析、评价和创

[①] 孟银连.高中英语阅读教学中文化知识教学调查研究[D].重庆：重庆师范大学，2018：10.

第七章 信息化时代大学英语读写自主学习能力的培养

造",在此过程中的思维层次和要求由低级走向高级。

1. 在提取信息中感知语言

语言作为工具,承载着思想,传递着信息。语言从用途上来理解,是交际的工具。教授一种语言,学习者必须以某种有意义的方式来经历语言(张德禄等,2005)。所谓"有意义",即指语境,指语言所指向的信息。语言的学习应遵循在语境中、在信息的获取中感知语言。脱离语境、孤立地学习词汇句式等,仅仅是一种单调的记忆练习。很难使学生真正理解和掌握。俗语有云:"字不离词,词不离句,句不离篇。"教师应借助文本提供的语境或自行设计的与话题相关的语境,帮助学生提取大脑中已有的背景知识,提取文本中的信息。在阅读教学中,这是学生理解文本内容的过程,也是学生体验感知目标语言的过程。

(1)在提取背景知识中感知语言

在阅读课前的热身导入阶段,教师可根据本单元的主题和课文内容,用英语释义讲解、推进话题讨论等,让学生在真实的语境中感知目标词汇的含义。例如,描写了 Nelson Mandela,课文的引入可以采取 guessing game 的形式,以逐句竞猜伟人的方式,引出文本主题人物曼德拉。

人物竞猜游戏能有效激发学生的兴趣,并能快速引出主题人物。而在人物竞猜游戏的设计中,通过创设一个个小情境,对人物(孙中山、白求恩、甘地、曼德拉)进行描述,教师有意识地输入文本的目标语言:attack、fee、violence、equal、lawyer、guidance、legal、president,使学生能结合自己的知识储备,在对人物信息的提取中感知理解部分目标词汇的大意,并为后续文本阅读扫清部分语言上的障碍。跟进的问题有助于学生提取关于描述伟大人物的品质的词,也为学习和提炼人物描写这一语言目标打下基础。

(2)在挖掘文本信息中感知语言

在文本阅读环节,教师可以引导学生借助对上下文信息的挖掘,推敲前后句子的逻辑关系,加深对部分目标词汇的意义及用法的理解。如在 *A Master of Nonverbal Humor* 一文中对于"not that"一词的理解,借助上下文信息,可以更生动透彻地理解该词的意思与作用。

Read paragraph 1:

Q1: What does the first paragraph talk about? What role did Charlie Chaplin play?

Q2: Usually what kind of people can make others happy and content with their lives? According to the first paragraph, what's your impression of Charlie's life?

Q1的设计主要是让学生抓住文本中的两个动词"brightened"和"made people laugh"提取信息，了解卓别林在艰难岁月中给人们以欢乐和慰藉。Q2引导学生关注到本段内容往往会让人产生这样的印象：似乎卓别林是一个幽默快乐、生活上一帆风顺的人。

Read paragraph 2:

Q3: What's the second paragraph about?

学生通过阅读，能够比较容易地提取出本段的大意：卓别林的苦难童年。

Q4: How does the author connect the information of the first two paragraphs?

该问题旨在让学生关注此段首句"Not that Charlie's own life was easy!"

Q5: What's the function of the sentence? Is this sentence the same as "Charlie's own life was not easy"?

这样学生就会发现此句是用来承上启下的过渡句。那么他们在信息的提取中就可以自然而然地得出"not that"此处意为"I am not suggesting...; don't mistake me"，它的作用就是为了提防读者产生错误印象而进行修正和说明。

2. 在评价文本中赏析语言

在感知语言的基础上，把赏析引入英语阅读教学，可以纠正学生原有的英语课文"枯燥无味"的错误认识，有助于学生体验语言的美感和精到，培养阅读兴趣，促进学生语言知识的习得和语言技能的发展，提升学生的语言素养和人文素养。

赏析，顾名思义，即欣赏分析，这是一种相对高级的思维活动，需要结合已有认知，对事物做出判断评价，去感受美的事物。鲁子问教授认为,作为课文的文章首先是一个独立语篇,具有自身的语义功能、语用目的和语境。因此,每一篇课文都有自己独特的语篇优势,即自身较为突出的地方,如语言优势、结构优势等。教师应抓住这些精彩之处,带领学生去领略语篇文字的美好。

同样,在英语阅读教学中赏析语言,应建立在文本浅层信息的理解上,蕴含在对文本的评价中:提炼文本的内容观点、评价语篇的结构逻辑、分析文本的语言特色、挖掘语言的文化内涵等。刘洵、付山亮(2010)提出英语阅读教学不仅要指导学生清楚作者表达了什么内容,而且更应该指导学生明白作者是通过哪些语言手段增强表达效果的,以及为什么这样表达。

现今的阅读教学大多只停留在内容层面的表层信息的获取,而不关注语言形式和对文本内在的深层含义的挖掘。教师要从只问"是什么"转向多问"怎么样"和"为什么"。评价文本,挖掘内在的深意,正是从理解走向赏析,从"知其然"跨越到"知其所以然",体会作者的意图,走入文本的深层。教师要侧重通过问题的设置,引导学生关注作者在语言使用上的技巧,学习遣词造句、布局谋篇、表情达意的方式方法,赏析用词之精妙,句式之丰富,衔接之巧妙,谋篇之用心,修辞之雅韵,立意之高深。赏析语言可以通过比较、分析、归纳语言形式,以朗读、推理、联想等方式推进。评价文本,走入深处,这是赏析的精髓所在。

3. 在提升思维中运用语言

葛炳芳(2013:74)提出:"阅读起点不仅仅是语言感知,同样重要的是话题知识;阅读过程不仅仅是信息处理,同样重要的是体验感受;阅读终点不仅仅是语言运用,同样重要的是思维能力。"因此读后的环节,教师不仅要关注语言的操练,还要兼顾思维的发展,设计相应的输出活动,提升"语言创新思维,包括逻辑性思维、创造性思维、批判性思维"。英语阅读教学实践中,多数教师把词句英汉互译、复述课文等当成是运用语言的常规手段,然而,研究发现,这些练习对于学习促进的功效是比较低的,更谈不上思维能力的提升。例如,让学生写一篇题为 The Story of an Eyewitness 的短文。要求学生自主选择描述的内容,但必须尝试使用文本的语言,如修辞手法(重复、排比、夸张、对比等)。

这样的输出活动，从生活实际中来，让学生能有情感可发，有内容可选，有语言可仿，真正激发学生运用语言的欲望，达到刘勰所说的"情以物迁，辞以情发"。同时内容与角度的自主选取也极大地锻炼了学生的思维，因为文章构思的过程包含着一个复杂的思维过程：确定什么样的主题，选择什么样的内容，模仿什么样的语言，按照什么样的顺序来组织语篇等。英国哲学家怀特海曾说："通往智慧的唯一道路是在知识面前享有自由。"（程红兵，2015）因为这份自主，学生能在思维的提升中更好地内化输出语言。下面是学生习作：

The Story of an Eyewitness

Never before in history had Yuyao been faced with such a challenging disaster. After typhoon Fitow swept across the region, nearly all the downtown areas were flooded. All the roads and drains were flooded, so people had to feel the way cautiously like the blind. All cars, except those deliberately parked on the bridge, were flooded, floating in the floodwater as if deserted. Supermarkets and shops were flooded, with goods submerged in the waist-deep water. Small houses and apartments on the first floor were flooded too, leaving people homeless and helpless. All these made the worst several days of Yuyao.

Cold and merciless as the flood was, flames of friendship between ordinary people burned. In Yuyao High School, for instance, scenes moved me to tears. A lot of short boys and girls were carried on the tall boys' backs to dormitories in the rain and floodwater. A lot of "boats" made of mineral water barrels were paddled all around the campus to offer help. A lot of foods and pure water were transported from different places to boys' and girls' dormitories to meet their daily needs. Actually, more places than this witnessed such moving scenes. Never in all Yuyao's history were her people so kind and united as on those terrible days.

学生的习作较好地模仿了文本的框架结构，首段写灾，末段赞人，前后对比。习作的语言也借鉴了首句和末句，借鉴了文本中的"never"的倒装句，语气强烈，首尾对比呼应。首段中五个含"flooded"的句子采用重复的修辞，选取了道路、车辆、商店、住宅这些内容，凸显水灾下一切都被淹没的惨烈景象。次段首句,仍旧模仿了文本中"as"引导的让步状语从句,承上启下。但该段中对于友谊的描绘不是通过全景描写,而是以校园内的场景为例,这与文本有些微差异。三个"a lot of..."的句子运用了排比句式,结构工整,极富整齐美和韵律美,表现了灾难之下,人们勇敢面对、自救互助的场景。总的来说,全文较好地模仿了文本的结构、语言,但在内容的选取上则发挥了学生的自主性和创造性,根据自己的亲身经历,抒发真实情感,达到了预设的语言学习目标。

(二)大学英语阅读教学中的障碍

阅读过程常会涉及文化问题,如果不具备一定的文化知识,不了解英汉文化的差异,将很难有效进行阅读。可见,文化差异对英语阅读有着重要的影响,以下就对此进行具体说明。

1. 历史文化层面

每一个国家和民族在漫长的演变和发展中形成了有着民族特色的历史文化,蕴含着丰富的文化底蕴。在阅读英语文章时,学生时常会因为不了解相关的历史文化而产生阅读障碍。

例如,meet one's Waterloo 这一成语来自著名历史事件滑铁卢战役。Waterloo(滑铁卢)是比利时中部的城镇,1815年拿破仑在这个地方大败,从此一蹶不振。Waterloo 这个小镇也因此次著名战役而出名。从字面意思上来看,meet one's Waterloo 是"遭遇滑铁卢战役之类的事",可以进一步引申为"惨败"。

对此,在大学英语阅读教学中,教师应丰富学生的历史文化知识,扩大学生的知识面,为学生阅读能力的提升奠定基础。

2. 思维模式层面

不同的民族有着不同的思维模式,这种思维模式在语言中有着显著的体现,即表现为英汉语篇有着显著的差异。英语语篇属于演绎型语篇,往往开门见山,在文章的一开头就表明作者态度,随后再进行验证说明。汉语语篇属于归纳型语篇,往往是先摆事实、讲理由,最后得出结论,而且作者的主题思想隐蔽,需要学生边阅读边体会,这就使得学生养成了精读的阅读习惯,在面对英语文章时不善于运用略读等技巧,进而影响阅读效率。

对此,教师在阅读教学中应引导学生了解英汉思维的差异以及这种差异对语篇阅读的影响,培养学生的英语思维,锻炼学生运用英语思维理解文章的能力。

3. 社会文化层面

由群众创造的具有民族特征的并对社会群体发挥作用的文化现象就是社会文化。社会文化的不同也对学生的英语阅读造成了一定的影响。例如,bread and butter 这一短语,bread 的意思是"面包",butter 的意思是"黄油",在西方,面包和黄油都是很日常的食物,是人们日常生活中不可缺少的,因此 bread and butter 在英语中就常用来引申为"生计,主要收入来源"。如果学生不了解这一文化背景,在阅读中就会影响正确理解。

二、信息化时代大学英语阅读教学的创新方法

(一)科学地进行评估与分类指导

教师除了利用信息技术在课堂上授课之外,还可以利用信息技术对学生的学习成果进行评估。在设计一套合理教学评估方案之前,教师可以利用网络技术搜索与阅读相关的评价理论或内容,进而结合自身所教授的阅读材料中的生词、语法、词汇量、句法等知识来设计评估内容,如此获取的评估结果将可以充分了解学生的阅读水平。同时,教师还可以对学生的评估结果进行线上统计,对学生阅读的时间、阅读的效率也有充分的了解。

(二)发挥网络互动优势,激发学生的学习兴趣

教师可以利用信息技术为学生的英语阅读创建一个平台,让学生充分参与其中,利用这一平台来扩展自己的阅读能力。利用信息技术,教师可以为学生准备阅读的丰富资料,实现阅读资源共享。在教学过程中,教师可以依据教材中的内容为学生建立一个网络阅读资料库,将教材中阅读的重点、难点都上传到网络上,同时为学生补充适当的课外知识,以拓展学生的阅读视野。此外,为了避免学生在阅读学习中出现乏味情绪,

教师还可以在学生阅读的资料中添加一些图片、视频、漫画、音乐等,在材料的格式、设计上也可以体现自己的特点,让学生爱上英语阅读。

三、信息化时代大学英语阅读自主学习能力的提升路径

(一)科学合理地选择阅读材料

显然,学生阅读能力的提高离不开大量的练习,换言之,英语阅读属于一门技巧训练的课程,需要花费大量的时间进行阅读训练。因此,这就要求教师为学生准备科学的阅读材料。在信息技术的帮助下,教师可以为学生找到一些贴近课堂教学内容的阅读材料,如实时选取适当的国外"*The New York Times*,*The Washington Post*,*The Telegraph*,*The Guardian*,*The Economist*"等外刊资源,国内"*Global Times*,*China Daily*,*CGTN*,*Xinhua News*"等内刊外文资源素材进行线上、线下分享性阅读、探究性阅读、批判性阅读等模式。

在开始上课之前,教师可以为学生布置一些阅读要点,让学生自己上网搜索浏览,这可以在一定程度上培养学生的查询以及获取信息的能力。随后,教师将自己所准备的阅读材料发给学生,让学生通过小组的形式阅读与交流,并分享心得。等到课堂结束的时候,教师可以安排学生对这次阅读活动进行总结,每一位学生都要写出总结报告,然后教师对学生的报告给予口头评价。

(二)课内外与线上、线下有效结合

在高校英语阅读教学中运用混合式教学,英语教师要将课内外教学与线上、线下教学相融合。首先,在课堂上,主要是教师引导学生对课文展开篇章阅读,使学生能够对阅读技巧与方法加以掌握。其次,在课外的阅读学习中,教师可以为学生布置一些任务,让学生在课下完成,同时要求学生多阅读一些名著与报纸,让学生对文章主旨大意有所了解,从而培养学生的阅读习惯。

第二节　信息化时代大学英语写作学习能力的培养

一、大学英语写作教学概述

在大学英语技能教学中,写作教学是其重要的一部分。通过写作教学,学生能够不断提升自身的写作能力与思维能力,提升自己情感表达的水平,从而促进自身写作学习的动机。

（一）英语写作教学中存在的问题

写作的过程是非常复杂的,其需要复杂的思维,并受到知识、技能、风格、内容、结构等多个层面的影响和制约。要想写出一部完美的作品,首先需要保证风格的统一与结构的完整。需要指出的是,写作是一个对各类问题与信息展开加工的过程。一般来说,写作的目的也是非常明确的。根据写作目的的不同,有论文、报告等多种形式。

通过写作,可以实现如下两大功能。首先是为了学习语言而展开写作。通过写作,学生可以对自己所学的词汇、语法、语篇知识加以巩固。其次是为了写作而展开写作。因为通过写作,学生可以将自身的观点表达出来,从而锻炼自身的手和脑,强化自身的写作学习,提升自身的写作能力。

简单来说,英语写作是运用书面形式传达思想与情感的。但是,语言与文化关系密切,是否能够准确地理解文化对写作有着直接的影响。汉语往往呈现整体性与象征性,而英语呈现的是逻辑性与明确性,因此在写作时,学生切不可用汉语的思维展开英语写作,这样写出的文章很难让人理解。目前,我国大学英语写作教学中存在的问题如下所述。

1. 教学方法陈旧

受学时以及应试教育的影响,在英语写作教学中,教师仍旧采用传统的教学方式展开教学,即在课堂上为学生提供各种类型的范本,为学生讲解范本,要求学生进行模仿并完成课后写作任务,教师进行评价。

第七章 信息化时代大学英语读写自主学习能力的培养

这种教学方法的重点在于写作结果,忽视了师生之间的交流,也忽视了学生兴趣的培养,这样下去的结果就是学生丧失了学习兴趣和学习动机。

另外,模仿是学生的一个必经阶段,却不是最终的阶段,只有完成创造性的写作才是最终的目的。事实上,创造不仅是一个过程,也是一个结果,如果没有创造性,那么这样的写作也毫无意义。因此,在英语写作教学中,教师需要与学生进行沟通,培养学生的学习兴趣和积极性,并灵活采用多种方法展开写作。

2. 重形式,轻过程

很多人指出,英语写作中应该注重形式,并认为这是必然的,因此导致英语写作教学中对于句子规范性和文章结构的教学非常侧重。甚至有时候,教师为了让学生快速写出一篇文章,往往会让学生对类似的文章进行模仿。这样下去导致教师和学生都将形式视作写作教与学的重点,忽视了写作的过程与内容。这样的写作仅仅是一种模仿,而不是创造,是流于形式的写作,很少能够触及写作的核心。

3. 教与学相互颠倒

写作教与学相互颠倒主要有如下两点表现。

第一,写作是一个极富实践性的课程,因此写作应该以学生的操练为主,以教师的教授为辅。在实际的写作教学中,教师往往花费大量的时间对词句进行讲解,只给学生留下少数的时间进行写作,这样实际是对教学内容主次的颠倒,对学生写作能力的提升是非常不利的。

第二,写作是一种学生个体的活动,尤其是从构思到写作到修改。在英语写作教学中,教师过多的讲解浪费了学生的写作实践,也会丧失学生写作的积极性。

4. 忽视文化差异问题

文化因素对于英语写作教学有着重要影响,并且导致学生在写作中会遇到一些问题。首先,由于英汉思维方式的不同,英语重视形式,而汉语重视意义,这就导致学生在谋篇布局上出现困难。其次,由于英语与汉语属于不同的语系,有些词语含义是不对等的,这就导致学生容易出现用词的困境。

(二)大学英语写作教学中的障碍

1. 词汇层面

词汇与文化有着密切的关系,是语言中最为弹性与活跃的部分,是文化负荷量最大的部分。因此,要想对英语词汇有真正的了解,就需要明确词汇的文化内涵。英语与汉语属于不同的词汇体系,词汇含义不可能是完全对应的。有的学生认为,只要掌握了一定的词汇量,那么就可以凭借常识与习惯去了解不同的文化。当然,英汉语中存在一些耦合的现象,但是耦合的并不多。如果仅仅从自身经验与文化立场出发,恐怕很难了解英语中的一些惯用法。因此,英汉词汇之间所具有的差异对大学英语写作造成一定的障碍,影响了大学生在英语写作过程中准确地使用词汇。

2. 句子结构与段落篇章层面

除了词汇,文化因素也会对句子结构与段落篇章产生影响。在句子结构上,英语思维是先直接传达重要信息,然后再传达次要信息。尤其是表达复杂的思想时,英语习惯开门见山,先把叙述的重点放在开头,然后再运用各种手段展开分述。在西方人观念中,文章是否连贯取决于连词的使用是否符合逻辑。但是汉语中连词很少,句子与句子的逻辑是通过内容体现的。

在段落布局上,中西方思维出现了螺旋式与直线式的差别。英语直线型的思维要求开篇点题,一般会在首句点出主题,每一段的主题句与文章主题相呼应。之后每一段的具体内容与整个段落的首句呼应。但是相比之下,汉语往往采用螺旋式的思维,即先进行渲染,然后在结尾点出主题。

二、信息化时代大学英语写作教学的创新方法

(一)充分利用各种网络写作教学资源

随着互联网时代的来临,社会中各方面的教育教学资源暴增,这对

第七章 信息化时代大学英语读写自主学习能力的培养

于推动教育公平无疑起到积极作用。尤其在英语写作教学方面,网络中的许多教学资源都可以对学生的英语写作起到促进作用。因此,互联网时代下的大学英语写作教学中,教师应围绕写作教学目标进行各种网络写作教学资源的运用。例如,在"环境保护"相关主题的英语写作教学中,教师可以围绕以下几点为学生提供英语教学资源:一是为学生提供有关 environment protection 的背景资料,如国内外环境污染问题、国内外针对这一问题所采取的措施;二是为学生提供一些与其生活联系紧密的资料,如学生日常生活环境过去与现在变化的对比等;三是为学生拓展一些相关的英语范文,并为学生讲解作者的写作框架、思路以及其中所蕴含的思想情感。通过上述教学资源的拓展,学生不但会了解相关背景知识,也会产生一定的触动,然后会依据范文框架将自己的所思、所想表达出来,从而降低英语写作的难度。

(二)利用大数据技术构建完善的学生评价体系

大数据技术最直接的作用就在于进行数据挖掘和研究分析,因此写作教学的学生评价方面利用大数据技术构建起完善的学生评价体系更有助于教师进行自身教学调整,并针对学生的写作发展给出科学的指导意见。在评价体系的构建上,教师首先需要创建出与学生进行双向互动反馈的教学平台,如利用网络进行网络写作任务的布置和作业提交,从而便于对学生的写作情况进行记录和网络分析。其次,要建立起网络上的交流沟通平台,如利用微信、钉钉等建立写作教学班级群,以便教师在网络上随时接受学生的提问,并对其进行在线指导,以便教师能够实时掌握学生的学习情况。同时,依托网络中各种学生学习数据的分析,更有助于教师对学生做出科学评价。

三、信息化时代大学英语写作自主学习能力的提升路径

(一)建立英语网上写作平台

大学时期的学生在英语知识的学习上早已步入新的领域,除基本英语词汇的掌握和积累外,这一时期更重视培育学生的英语社交、英语社会实践能力。因此,大学时期的英语写作能力教学要合理运用互联网所带来的优势,正确躲避教育条件的约束,处理解决传统教学中英语写作

课程所占比例较小的针对性问题,运用有效的解决方法为大学生创建更宽阔的学习环境,推动大学生的英语学习。在现实英语教育教学过程中,由于课时设定较短,英语教师要在一节英语课的时长内实现多项教育工作,故此教师未能综合全面地讲授关于英语写作的有关技术和问题,通常只单一对教材重点内容进行针对性的解说,或者在教授其他知识内容过程中将英语写作教学融入其中。然而通过多媒体技术的广泛运用,使教师的教育范围变得更加宽阔,教育资料也更加丰富,世界很多高校皆凭借网络技术、多媒体技术等多项先进科技,建立出专业的教学平台,根据一些专业课程的某一特性,围绕这门学科的教育难点进行资源整合,创建网站,为大学生的学习提供更便捷的机会。网络背景下,对大学英语的教育难点,设立网上写作中心,使大学生可以根据课外自主学习,拓展自身写作知识,教师则承担起运营与维护网站资料的责任,依据学生日常英语写作的现实情况,有针对性地更换相关知识内容,让学生英语写作能力得以大幅度提升。目前中国的批改网以及外语教学与研究出版社推出的 iWrite 英语写作教学与评阅系统、上海外语教育出版社提供的 WE Write "全景英语作文智能批阅系统"与国外的 The Purdue Online Writing Lab (OWL) "普渡大学在线写作实验室"皆是较为完善的英语写作平台,可汲取这部分平台的创建经验,丰富教学资源,为大学生提供优秀的英语网络学习平台。

(二)构建互联网写作交流体系

英语写作教育是大学英语教育中的主要内容,而写作不单单局限在学生将文章内容"书写"出来,同时还必须对写作成品实行评判、沟通、总结与反馈,只有这样才可以发现在英语写作过程中所存有的显著性问题,方便在日后的教学中设定针对性的改善方案。多媒体作为一种信息交流平台,在教学领域中被大范围运用,故在网络背景下,多媒体英语写作交流评判系统的建立,使大学生能够在此平台上进行沟通交流,并且可以上传自身写作的优秀文章。所以大学生不但可以在互联网上获取有关的写作资源,还能够收获有效的写作引导,同时亦可以欣赏其他同学发布的优质文章。然而教师也需要时刻关注学生的写作状态,特别是在学生作品网络上传以后,要针对学生的作品进行评价,并且及时利用网络与学生进行沟通交流。学生相互之间也能够进行评价,方便学生及时认识和了解教师对每个学生给予的不同观念和看法,认识到自身英语写作的问题,并加以改正,以便提高自身英语写作的水平。多媒体交流评价系统的建立,对学生和教师皆有着积极的影响,针对学生课外英语写作知识的学习有相对较好的协助作用,而且还可以帮助教师发现学生在英语写作过程中存在的问题。运用此方式可以激发学生对英语写作学习的兴趣,加强学生对英语写作学习的积极性。

第八章　信息化时代大学英语翻译与文化自主学习能力的培养

翻译作为一项技能,与其他技能相比较而言更加复杂,掌握起来也更加不易。翻译可以说是一项综合技能,其实践过程所涉及的心理要素、知识内容更加多样化。随着文化全球化的发展,文化知识在英语教学中地位水涨船高,越来越受到人们的关注。本章主要研究信息化时代大学英语翻译与文化自主学习能力的培养。

第一节　信息化时代大学英语翻译学习能力的培养

一、大学英语翻译教学概述

(一)翻译教学的内涵

翻译理论与实践相结合构成的一个重要领域就是翻译教学。在研究翻译的过程中,翻译教学是一个不可忽视的内容。要想提高翻译教学的水平,首先必须对翻译教学展开深入探究。对翻译教学实践发展起着决定性作用的就是对翻译教学理论的探究。因此,随着社会对翻译人才需求的大幅度增加,对于翻译教学的相关探究就显得极为重要。

但是,目前学界对翻译教学的内涵仍然存在较大争议。学者们对于翻译教学的范畴及翻译教学与教学翻译的区别并未达成共识。加拿大著名学者让·德利尔(Jean Delisle,1988)曾经对教学翻译(pedagogical translation)与翻译教学(pedagogy of translation)做过明确的区分。

近些年的研究有了一些新的突破。翻译教学是由"大学翻译教学"

第八章　信息化时代大学英语翻译与文化自主学习能力的培养

与"专业翻译教学"组成的,将原来公认的教学翻译也纳入了翻译教学的范畴,其扩大了翻译教学的范围。

(二)大学英语翻译教学中的障碍

1. 翻译教学思想与方法相对陈旧

大学英语教学的任务就是培养学生语言运用能力,翻译教学是培养学生的语言理解能力和表达能力的重要途径,然而在近些年的大学英语教学中,随着"听说领先法""情景教学法""交际法"等现代教学方法的出现,翻译教学在一定程度上受到冷落。

目前大学英语教学中过分强调听力与阅读能力的培养和训练,而忽视翻译教学。教学思想、教学模式、教学方法相对陈旧与单一。在教学思想上教师过分依赖教学大纲,缺少灵活性。教学模式与教学方法基本上沿用老一套,讲授多于实践。现在大多数院校虽设有多媒体教室,但外语教学对多媒体的应用常常仅限于听力与口语教学上。翻译教学局限在黑板上,满堂灌,记笔记,做作业,对标准答案。这种教学方法与模式既不利于调动和发挥学生自主学习的积极性,也违背语言学习规律,无异于纸上谈兵,为了学习而学习,不利于学生英语水平的提高。

2. 教师素质和认识方面的问题

很多教师理论基础薄弱,授课时感到力不从心,无从下手。与此同时,教师一方面受限于班级大、学生多,课堂活动不易组织操作;另一方面又迫于科研任务重,授课时量大,没有足够的时间和精力进修或自修以提高自身的素质和业务能力。目前的状况是,教师自身也不够重视,对翻译技巧的讲授缺乏整体的规划,缺乏系统性,至于对学生进行系统的翻译训练,就更少了。

3. 学生的综合文化素质和语言基本功不强

在实际翻译中,语篇是翻译的对象和基本单位。英语读者和汉语读者生活在不同的文化环境中,在知识结构上自然存在着不少差别,对语篇中信息的理解和接受也会有所不同。对于我国学生如何处理这种英汉两种文化的差异、跨越语言鸿沟,是翻译过程中的一大难题,也是影响翻译能力提高的一大障碍。语言基本功是否扎实也影响着学生翻译能力的提高。翻译要求具备多方面的知识,它包括译者的汉语知识和英语知识,其中汉语知识包括语法、修辞、逻辑,英语知识除了语法、修辞、逻辑知识以外,还要注意不断吸收和丰富各种基础理论知识,学生应学会如何把这些基础的知识灵活地运用到翻译过程中去。若语言基本功不扎实,将会影响到翻译能力的提高。当然,除了文化环境的差异和语言基本功是否扎实等因素外,教师在教学过程中如何引导学生进行翻译,教师对学生翻译能力培养的重视程度等也会影响学生翻译能力的提高。

二、信息化时代大学英语翻译教学的创新方法

(一)制作个性化的翻译教学视频

在实施教学时,教师可以提前为学生制作视频,将教学内容进行模块化处理,每一个视频都是围绕某一知识点展开的,如翻译理论、翻译技巧等。同时,在制作视频的时候,应该突出重难点,明确教学目标,为线上、线下教学做准备。此外,教师还需要考虑翻译教学的连贯性,以便实现整体的教学目标。

在课堂开始之前,教师制作视频,设置教学任务,并将其发布到网络平台上供学生观看,教师通过让学生观看,对学生提出的问题加以汇总与解决。在课堂上,教师对视频中的技巧与理论加以梳理。组织学生进行协作学习,实现知识的真正内化。在课后,教师还可以组织学生撰写翻译笔记,从中了解学生是针对哪些问题存在疑惑的,进而对自己的教学方案加以调整。

(二)利用多媒体展开翻译课堂教学,增加英语习得

在翻译教学中,教师可以利用与教材配套的多媒体光盘辅助教学,不过,由于各个学校的多媒体设备资源配置不同,而且教材所配套的光盘往往在内容上缺乏系统性,所以教师需要酌情使用。对此,最好的方法就是教师可以根据教材内容自己动手制作课件,然后利用多媒体播放。多媒体课件的制作过程相对烦琐,需要依据具体的教学过程、教学内容、教学目标、教学媒体等,只有将这众多条件融合在一起,并体现互

第八章 信息化时代大学英语翻译与文化自主学习能力的培养

动性原则,方能制作出优良的多媒体课件。当然,这样的课件对于学生翻译能力的提升也是大有裨益的,可以促进不同层次的学生其自身的翻译能力都能得到不同程度的提升。

为此,在进行翻译教学活动之前,教师可以利用声音、图片、动画等教学辅助手段来刺激学生的学习兴趣,使学生在学习过程中始终保持较好的兴趣,将枯燥的翻译理论变得生动、有趣。针对具体的教学过程,教师在其中不仅要教授学生英汉互译的技巧,而且还需要补充中西方文化背景知识,让学生对翻译理论形成一定的系统。虽然教师在翻译教学过程中所使用的教学模式相对陈旧,但在内容与形式上与传统的翻译教学已经大不相同。这种不同主要体现在如下方面。

(1)形式上不再是单调的板书形式,而是以媒体形式呈现,节约了大量时间。

(2)内容上是针对不同层次的学生展开的,在课堂上由教师指导和学生自主选择,这有利于改善课堂教学的氛围。

三、信息化时代大学英语翻译自主学习能力的提升路径

英语这门科目,与时代背景联系十分紧密。在当今信息化时代背景下,英语存在的形式是多样化的,同时,信息化时代大背景也给英语学习带来了诸多有利条件。要想培养好大学生英语自主学习能力,加强学生信息化时代英语实际运用能力,就必须在教学活动中善于使用信息化设备和资源开展教学工作。比如,借助多媒体设施,通过语音、视频等播放视听素材,一方面,多媒体能够将学习素材更为直接地体现出来,使学生更容易接受,另一方面,学生的积极性得到极大的提升,对学生进行自主学习有很大的促进效果。再比如,借助信息化资源,开展英语学习的远程教学,丰富教学资源。除此之外,教师可以利用信息化设备,组建一个英语学习交流互助平台,紧密联系学生与教师、学生与学生等多方,促进各方在学习平台上的交流,共享教学资源,实现学生自主学习能力的提升。

(一)利用信息技术扩大学生知识面

翻译是一项包含多领域的活动,如果对翻译的基础知识不了解,就

很难明白文本的内容,也很难准确展开翻译。到目前为止,我国很多高校的英语翻译教学过多关注翻译基础知识,而忽视翻译自主学习能力培养,尤其是很少介绍文化方面的知识,这就导致学生遇到了与文化相关的翻译内容时往往手足无措,甚至会出现翻译错误。因此,在英语翻译教学中,应该利用信息技术渗透文化知识,扩大学生的知识面,培养学生对文化知识的理解与把握,帮助他们形成翻译能力。

(二)媒体教学与课外活动相结合

为帮助学生更好地展开翻译,教师应该鼓励学生多学习一些英美原版作品,如教师可以引导学生多观看一些英美原版电影,从电影字幕出发教授学生翻译的技巧。另外,教师应该让学生在课外多收集一些有关生活风俗、文化背景方面的资料,在阅读与翻译中学到更多的知识,从而为以后的翻译做铺垫。

(三)翻译课程网络自主学习

翻译课程网络自主学习——延伸与拓展课堂知识。该过程由学习策略的应用和信息技术应用两部分组成。围绕教师布置的相关技巧知识的实践练习,学生在教师的监督、指导和帮助下,对课堂上所学的翻译技巧和策略进行网络自主学习,在相关技巧资料的搜索、查询过程中完成教师布置的作业;并通过翻译的实践过程,在不断地查询、搜寻中延伸、拓展课堂知识,丰富自己的知识面。多媒体网络环境为翻译自主学习提供了大量的学习资源及便捷的运行平台,学习者可随意点击相关的学习网站进行查询与参考。本科阶段英语专业翻译课程的学习时间极为有限,任何内容的讲解只能是浅表层次的,要想深入获得更多的相关知识,就一定要通过学生的自主学习去获得。

互联网的飞速发展为翻译教学和实践提供了极为便利的条件,各类翻译学习网站为学生提供了多元化的学习资源,学生可充分利用互联网的搜索引擎,查询翻译历史、翻译技巧、背景信息、专有名词、词汇搭配、语法结构等;不断更新的网络资源,能快速地将最热门的话题、最新报纸杂志上的文章转化为学习资源,为学生提供了鲜活的翻译学习资料;各种网络在线词典、在线百科词典等,为学生查询各种知识提供了快捷的信息平台。例如,在线百科全书(如维基百科等)、双语平行语料库

第八章　信息化时代大学英语翻译与文化自主学习能力的培养

（如中国译网、句酷等）；而各种实用的机器翻译软件，如 Google 翻译引擎、CAT 英汉双向翻译平台等，学习者可以通过搜索引擎搜索到相关类型的文本，尤其是格式化的合同或政治文献等相关平行文本，学生可以参照平行文本进行仿照翻译，这样既可增加译文的可读性，也为译者翻译节省了大量的时间；学习者还可以将自己的译文、网络平行文本、机器翻译的译文进行对比、分析，互为参照，增强对译文的分析、判断能力，提高翻译水平。

学生课后的翻译实践过程，重点围绕所学翻译技巧与策略进行有针对性的训练，培养理解与应用能力，同时结合本单元主题在网上进行相关信息的检索和运用，提高信息技术应用能力。学生根据自主学习环节的翻译练习，自己进行相关内容的学习，通过各种信息资源的获取完成翻译练习，完成后可通过公共邮箱与别的同学或本寝室同学进行讨论、修改，得出自己满意的译文，这要求学生在翻译的过程中不断了解、获悉相关知识、技巧内容，不断积累知识、巩固知识，从而在实践的过程中不断完善自己。

在完成规定的学习任务后，可根据自己的具体情况进行自选任务的学习。学习者可以根据自身的接受能力，自行选择相应学习板块，自行调整学习进度，各取所需。基于网络的多元翻译学习模型尊重学习者的差异性，为自主化学习提供了平台。许多网页上的翻译学习内容按主题、层次分区设置，学习者可根据自己的翻译水平自行选择相应学习板块，以满足自己的学习需求；也可根据自己的学习习惯选择适合自己的学习方式。学生翻译课程网络自主学习的过程能有效提高学生的自我识别能力、自我组织和规划能力，相应地提高学生的翻译能力。

第二节　信息化时代大学英语文化学习能力的培养

一、大学英语文化教学概述

(一)文化知识介绍

1. 文化的概念

关于文化的含义,不同的学者有着不同的看法和观点,可谓众说纷纭,莫衷一是。到目前为止,关于文化的定义已经有200多种。以下列举一些具有代表性的关于文化的定义。

《牛津简明词典》(*Concise Oxford Dictionary*)对文化的定义是"艺术或其他人类共同的智慧结晶"。这一定义主要是从智力产物的角度阐释文化内涵,即深度文化,如文学、艺术、政治等。

《美国传统词典》(*American Heritage Dictionary*)对文化的定义则是:"人类文化是通过社会传导的行为方式、艺术、信仰、风俗以及人类工作和思想的所有其他产物的整体。"这一定义拓宽了文化的包含范围,既包括深层次文化,又包括浅层次文化,如风俗、传统、行为、习惯等。

英国人类学家爱德华·泰勒(Edward Taylor,1871)在其著作《原始文化》中指出,"所谓文化或文明,是包括知识、信仰、艺术、道德、法律、习俗以及包括作为社会成员的个人而获得的其他任何能力、习惯在内的一种综合体"。这一定义一直都被认为是最具权威性的定义,对学术界产生过重大影响,但这一文化定义并不包含物质文化,更多的是侧重精神文化。

美国学者克罗伯和克拉克洪(Kroeber & Kluckhohn,1952)在其论著《文化:概念和定义批判分析》中指出,"文化由外层的内隐的行为模式构成,这种行为模式通过象征符号而获得和传递,代表了人类群体的显著成就,包括它们在人造器物中的体现。文化的核心部分是传统的(即历史地获得和选择的)观念,尤其是它们所带的价值。文化体系一

第八章 信息化时代大学英语翻译与文化自主学习能力的培养

方面可以看作是行为的产物,另一方面则是进一步的行为的决定因素。"

人类学者、社会语言学家古迪纳夫(Goodenough,1957)将文化定义为:"人们为了使自己的活动方式被社会成员所接受,所必须知晓和相信的一切组成。作为人们不得不学习的一种有别于天生遗传的东西,文化必须由学习的终端产品——知识组成。"美国学者戴维·波普对文化作了比较全面的定义,他认为文化应由三个因素构成:"(1)符号意义和价值观——这些都用来解释现实和确定好坏、正误标准;(2)规范准则——对在一个特定的社会中人们怎样思维、感觉和行动的解释;(3)物质文化——实际的和人造的物体,它反映了非物质的文化意义。"

波特和萨莫瓦(Porter & Samovar,2003)认为,"文化是一个大的人群在许多代中通过个人和集体的努力获得的知识、经验、信念、价值、态度、角色、空间关系、宇宙观念,以及他们获得物质的东西和所有物。文化表现于语言的模式以及活动和行为的样式,这些模式和样式是人们适应性行动和交际方式的样板,它使得人们得以在处于特定的技术发展阶段、特定的时间、特定的地理环境的社会里生活。"

《现代汉语词典》对文化的定义是:"人类在社会历史发展过程中所创造的物质财富和精神财富的总和。"

我国《辞海》(1989)对文化的定义是:"文化广义指人类社会实践过程中所获得的物质、精神的生产力和创造的物质、精神财富的总和。狭义指精神生产力和精神产品,包括一切社会意识形式:自然科学、技术科学、社会意识形态。有时又专指教育、科学、文学、艺术、卫生、体育等方面知识与设施。"

总体而言,文化是历史的积淀和结晶,是人类经过社会实践创造出来并持有的精神财富和物质财富。

2. 文化的特性

无论"文化"有多少种定义,无论是"文化"狭义的还是广义的定义,都不影响文化的特性。

(1)文化的核心是人

文化的核心是人,是人创造了文化,也只有人才能创造文化。文化是人类特有的。文化是人类智慧和创造力的体现。人(作为社会成员的人)创造、形成并运用、共享文化,同时也受约束于文化,被文化形塑,最终又要不断地改造发展文化。如果没有人的主动创造和改变，文化便会失去生命、活力和光彩。因此，我们在讨论语言与文化时，一定要通过语言看到语言背后的人——语言的使用者，包括说者和听者，双方的文化对语言交流有一定的影响。

（2）文化是后天习得的

1871年，泰勒在《原始文化》一书里给出的文化定义中，最关键的一点是文化"作为社会成员的人所习得"。习得，指的是通过后天学习而获得，而非通过先天遗传，这样的习得是在特定的社会成长中获得各种文化传统、文化属性。文化人类学把孩子学习文化的过程称为"濡化"。可以习得的文化经过濡化过程而代代相传。有时候，文化被直接传授。例如，父母教育孩子说，小孩子要懂礼貌，见到认识的人要喊人，要懂得恰当地称呼对方"爷爷/奶奶""叔叔/阿姨""哥哥/姐姐"等。

（3）文化是共享的

文化并不是个体自身的属性，而是个体作为群体成员的属性，文化只有在社会中才得以传递、共享。《人类学：人类多样性的探索》一书第13章有专门讲"文化"属性的内容，讲解精辟而通俗易懂："分享共同的信仰、价值观、回忆和期望，把成长在同一文化中的人们联系起来。通过为我们提供共同的经验，濡化过程把人们统一起来。"

今天的父母都是昨天的子女。从父母那里接受濡化过程的子女们当了父母之后，他们就变成了下一代子女濡化的媒介（传播者、传授者）。虽然文化并非一成不变，但是，这种基本的信仰、价值观、世界观及子女教育实践却是长久保持不变的。而且，共享的文化背景是非常有影响力的。我们看到，在异国他乡，人们都更愿意、也更容易与跟自己来自同一国家、地区的人交往。正如美国人类学家康拉德·菲利普·科塔克所言："长着同样羽毛的鸟儿常常聚集在一起，对于人来说，文化就是人类自己的羽毛。"

（4）文化是象征的

象征，对文化及人类其他方面的习得都是非常独特而重要的。"象征是某种口头或非口头的事物，在特定语言或文化中，用来表示另外的某个事物。象征及其指代物之间没有明显的、天然的或者是必然的联系。"例如，有一种动物，在汉语里我们称为"狗"，英语里称为dog，其他语言里又有其他的叫法，这些叫法之间没有天然的关联。象征通常是

第八章　信息化时代大学英语翻译与文化自主学习能力的培养

基于符号的,文化中最重要的符号就是语言,即用词语代替具体指代的对象。不使用语言,人们无法让一个不在场的人较为清楚地了解事件、情感及其他经历。

当然,除了语言,象征也有非语言形式的符号体系,例如,五星红旗代表我们中华人民共和国;交通路口设置的红绿灯,红灯停,绿灯行;商场里商品的价格只需表示数字就可以了,而不是真的拿现金摆在商品旁边来体现等。以象征的方式思考、运用语言并使用工具和其他文化形式,以组织、适应自己的生活并协调周围的环境,这是人类生活的常态,其中,象征的重要性非同一般。美国人类学家格尔茨就将文化视为一种象征体系。

（5）文化是整合的

文化是整合在一起的模式化的系统。如果这一系统的某部分发生了变化（如经济、社会方面）,其他部分也会相应发生变化。以前我们有句俗话说"早发财不如早生子",在民间,特别是农村,女性多会在二十多岁结婚、生子。今天,我们也会在婚礼上祝福新婚夫妇"早生贵子"。但是,晚婚晚育已经变得越来越普遍了,尤其是在大城市。人们对婚姻、家庭的态度和行为的变化与社会发展、经济变迁等是分不开的。因此,文化并非孤立的,而是整合的。

（6）文化是民族的、地域的

不同的民族、族群由于其赖以生存、生活的自然条件的差异以及由于地缘延伸而带来的不同文化共生关系的影响,往往会形成不同的思想价值体系、思维模式和行为方式等。在此基础上,便产生了使某个社会群体区别于其他社会群体的文化特质,在一定的条件、范围等的多重作用下,就可能由此形成一种独特的生活方式、思维方式甚至文化形态。正如美国人类学家鲁思·本尼迪克特（Ruth Benedict）所言,文化是通过某个民族的活动而表现出来的一种思维和行动方式,一种使这个民族不同于其他任何民族的方式。

（7）文化是动态的过程

作为思维、行为等相互作用的一套系统,文化自然不是一成不变的。美国人类学家哈维兰（Haviland, W. A.）等著的《文化人类学：人类的挑战》一书中把"文化的特性"设为专门的一章即第2章来讲述。其中讲了"文化是动态的过程"。

文化涵盖的内容广泛、意义丰富，其属性众多，如我国著名学者吕必松在其《对外汉语教学概论（讲义）》中列出了文化的四个属性：民族性；社会性；系统性；阶段性。

（二）大学英语文化教学的现状

语言与文化有着密切的关系，因此在大学英语教学中融入文化有着非常重要的意义。在早期的大学英语教学中，跨文化交际教学的目的在于让学生理解目的语文化，因此教师教授的也多为目的语文化知识及其相关背景。随着研究的深入，跨文化交际教学的内容也发生了改变，将文化态度、文化观念等内容也容纳进去，这时跨文化交际教学的目标也相应发生改变。

1. 教学具有明显的功利性

基于传统教育体制与理念，我国的大学英语教学呈现了明显的功利性特色，即考试考什么，教师就教授什么。这种传统在初中、高中表现得极其明显。在实际的教学中，教师过分关注语言知识的传授，很少将文化知识纳入其中展开教学。

受这一思想的影响，不管是教师还是学生，都将通过考试作为教学的目标，教师的教学主要是为了英语过级服务。当然不得不说，虽然这有助于学生提升自身的应试技能，却让他们很难学习到文化背景知识。

2. 文化碰撞实战演练较少

我国学生都是在母语环境下学习英语的，这种学习效果显然不如在目的语环境中学习。也就是说，我国学生在学习英语时由于缺乏外语学习氛围与环境，很少与异域文化进行碰撞与接触，这就导致他们的实战操练机会很少。

例如，很多学生在学习西餐时都会学习"开胃菜"这个词，背诵了几遍就记住了"开胃菜"的单词与意义，但是对于其到底是什么，很多学生并不清楚。但是，如果学生是在目的语环境下，他们只要参加一次，就很容易了解与把握。显然，外语文化环境的缺乏导致学生的英语学习事倍功半。

3. 教学中侧重语言学立场

所谓大学英语教学的语言学立场,即将外语作为一门语言知识来教授的教育策略。具体来说,大学英语教学的语言学立场主要教授给学生词汇、语法等语言知识与语言规则,忽视语言背后的其他内容的教授,外语教育中这种单一的语言学立场明显是具有局限性的。

(1) 割裂了语言与文化的内在关联性

众所周知,语言与文化关系密切,语言是文化的载体,文化是语言的灵魂。语言教育肩负着使不同文化得以传递、保存、发展的重要责任,因此英语教学是一种文化传播的过程与手段。

语言与文化具有同构性。从语言的形式构成来说,任何语言都是由语音、词汇、语法等要素构成的;从原因的形成来说,任何原因都是对特定价值观念、思维方式等的反映,每一种语言都与某一特定的文化相互对应,而修辞的运用、语言结构的选择、语言意义的生成等都会受到文化特性、文化价值观的规范与制约。因此,就本质上而言,语言的发展与传播反映的是文化思维方式、文化价值观念等的变革。就教育层面来说,语言学习的过程就是文化理解、文化传播的过程,也是促进学生思维方式与价值观念建构的过程。如果学生的语言学习离开了文化学习,那么学生学到的仅仅是语言符号,只能导致语言学习的符号化。

也有人认为,文化学习是源自语言学习的。但是如果把文化的东西简单地视作形式化的语言符号,那么文化学习就走向纯粹的语言符号学习了。传统的外语教育只注重语言形式的学习与技能培养,人为地将语言教学与文化教学割裂开来。这样很多学生即便学到了语言知识,能够说一口流利的语言,但是也很容易出现语用错误。实际上,任何知识都是由三个部分组成的:符号表征、逻辑形式与意义,而逻辑形式与意义不仅在符号表征中呈现,还在语言知识特有的文化元素中呈现。如果将语言的符号知识与其隐含的文化元素割裂展开教学,便是割裂了语言知识与文化内涵之间的关系,这样的外语教育显然也会失去文化立场。

(2) 不利于渗透国际理解教育

与母语相比,英语教学为学生打开了另外一扇窗户,其能够引导学生了解另外一个民族的语言文字以及背后的文化与价值观念等,进而提升学生的文化理解力。尤其在当前经济全球化背景下,英语教学需要确立一种开放的思维方式,引导学生逐渐形成国际理解力,但是英语教学这种单一的语言学立场显然并未认识到文化的重要作用,很难让学生认识多元的世界,形成一个开放的思维。

（三）大学英语文化教学的任务

外语教育的文化立场作为外语教育的一种基本策略与思维方式,并不意味着在语言知识中简单嵌入文化因素,而是将语言知识与文化知识整合起来,更好地融为一体展开教学。显然,外语教育的文化立场的意蕴显现出来。

1. 实现外语教育的文化立场转向

外语学习不仅是一种语言学习,更是一种对多元文化认识与理解的过程。单一的语言学立场容易造成语言与文化的分离。众所周知,语言与文化是并存、共生的,二者是密不可分的关系,语言是突出部分与表现形式,是文化的载体与产物。世界上没有不反映文化内容的语言,也没有与语言无关的文化。语言本身就属于一种文化现象。一个民族的文化在其民族语言中隐藏,因此语言结构具有民族文化的通约性。如果不了解语言中的社会文化,那么就很难真正地理解语言。因此,就本质上说,语言教学与文化教学有着密不可分的关系,语言教学本身应该将文化内容纳入其中来讲授。而且,学生通过对文化知识的学习,能够了解不同的思维方式与风俗习惯,拓展他们语言学习的知识面,提高自身的文化修养。

2. 克服单一的语言知识教学的局限性

外语教学不仅是一种文化教学,更是跨文化视角下的文化回应性教学。所谓文化回应性教学,即要求在教学目标上培养学生尊重其他文化的态度与意识,帮助学生形成自身文化的自豪感与认同感,使学生能够从不同视角出发对同样的事件和经验加以审视与理解,提升自身对文化差异的鉴赏力。外语学习其实属于一种跨文化学习。外语与母语有着不同的价值观、不同的文化背景,因此在外语教育中,教师需要引导学生在了解语言符号知识的基础上,对不同的文化立场与文化背景进行认识和了解。同时,回归母语文化,对不同文化因素的差异性进行判断与

第八章　信息化时代大学英语翻译与文化自主学习能力的培养

理解,对人类共同的核心价值观进行识别,从而有助于培养学生形成尊重其他文化的态度,构建对自身文化的自豪感。

二、信息化时代大学英语文化教学的创新方法

（一）强化主体意识

基于全球化的浪潮,西方国家凭借自身的话语权,采用经济、文化等手段推行其生活方式或意识形态,对包括中国在内的其他文化产生了冲击,导致文化输入、输出出现了严重的失衡情况,也对其他民族的文化造成了严重的腐蚀。

对此,在实施文化教学中,教师必须引导学生对跨文化交际过程中的平等主体意识加以强化,减少学生对西方文化的盲从,增强学生对中国优秀传统文化的认知与了解,主动对中国传统的文化进行整理与挖掘,吸取中国传统文化中的精髓,将中国传统的优秀文化底蕴凸显出来,强调中国传统优秀文化在当今世界的价值。

在文化教学中,教师要引导学生遵循"和而不同"的原则,既要对其他文化有清晰了解,又要保持自身文化的特点,让学生能够向世界展现中国优秀文化的精髓。

在文化教学中,教师要不断培养学生自信的气度与广阔的胸怀,让学生学会在平等竞争中,以多种形式将中国的优秀传统文化传播出去,不仅对西方文化霸权主义的侵蚀加以抵制,还能确保中国文化在世界文化中的地位和格局,从而促进世界文化的多元发展。

（二）内容系统化

文化的内容非常丰富,其所包含的因素至今还没有一个定论,因此在实施文化教学时,教师不能一股脑地将所有文化内容纳入自己所讲授的内容之中。因此,我国的教育主管部门应该组织文化领域的专家、学者,从价值性、客观性、多元性等多个层面出发,对中国优秀传统文化的教学内容体系进行确立,具体包含中国的基本国情文化、社会主义核心价值观、民族文化、节日文化、生活文化等。

(三)策略有效性

在实施文化教学时,教师应该采取有效的策略。具体来说,可以从如下两项入手。

第一,教师要用宽容、平等的心态对中西方文化进行对比,通过对比来鉴别。这一策略就是将中国文化与其他文化进行比照,从而将中国文化与其他文化的异同揭示出来,避免将那些仅属于某一特定社会的习俗与价值当作人类普遍的行为规范与信仰。

在运用这一策略教学时,教师应该从跨文化交际中存在的现实问题着眼,以共时对比作为重点,不会考虑褒贬,克服那些片面的文化定型,避免用表面形式对丰富的文化内涵进行取代。也就是说,教师应该引导学生透过现象看本质,通过理性、客观的态度,对不同文化的异同加以分析。

另一方面,教师要为学生提供充足的空间与机会,让学生感受到中国传统文化的魅力。通过体验,可以将课堂环境与社会环境结合起来,加强文化与社会、学生与社会之间的关联性,使学生在英语教学情境下不断体验与感悟,从而帮助学生形成文化理解力、文化认知力。

三、信息化时代大学英语文化自主学习能力的提升路径

(一)要求学生进行课外自主学习活动

教师应该将英语文化教学内容进行分解,将制作好的视频发布到网络上,引导学生制订符合自己的学习计划。学生一方面可以利用学校提供的平台进行自主学习,另一方面还可以选择学习任务与内容。在选择英语文化学习时,学生应该从自身的知识情况出发,不仅要保证与自身需求相符合,还要保证自身对新知识能够吸收,实现新旧知识的融合和内化。

(二)组织学生完成课内展示和谈论

学生完成自主学习之后,教师在课堂上展开教学,当然不是教师主讲,而是教师指导、学生展示学习成果,学生之间、师生之间针对学习情况进行探讨与交流。显然,教师不再是教学的主体,而是充当指导

第八章　信息化时代大学英语翻译与文化自主学习能力的培养

者的角色。与此同时,学生也能够积极参与其中,成为主动的知识建构者。

当然,课堂教学的形式也多种多样,一方面可以为学生提供展现自我的机会,分享自己对文化知识的掌握情况;另一方面也为学生提供了交流的平台,彼此探讨中西方文化,使他们真正地理解与接受不同文化之间的差异。

1. 课前准备

在新课开始前,由教师将提前设计好的预习材料发给学习者。笔者设计的预习材料一般由三部分构成:第一部分主要是课文的背景知识查阅点;第二部分是文章内容考查;第三部分是有关文章的思考题。这里笔者主要介绍第一部分,这部分会将具体的课文背景知识题目列出来,而不是给出笼统的概念,这样学习者才能有的放矢,明确自己上网需要查阅的题目。比如在马丁·路德·金的名篇"Where do we go from here"中,学习者要查阅的题目有作者,包括他的生平、他的作品、他的主体思想、他的影响以及评论家或后人对他的评价。而对于美国的民权运动的介绍应该包括运动中主要的活动、人物、事件、结果和影响等。

事实上,学习小组在拿到题目后,他们会合作完成资料查询的任务。由于多媒体技术发展给学习带来的便捷,学习小组会利用网络进行资料查询,他们在搜索引擎里看到的相关知识包罗万象,同时,学习者在获取这些知识的过程中,要利用自己的视觉、听觉甚至自己的感觉等。资料收集完毕后,由学习者个体对自己查阅的资料进行讲解,其他成员评定所讲解材料的有用程度,并对讲解者就讲解材料进行提问,最终讨论哪些材料可以用作演示文稿,由谁在上课时讲解演示文稿。讲解者在其他成员的帮助下,制作上课需要的 ppt,整个过程完全由学习者自己掌控。

2. 课中演示

课中的 ppt 演示是整个过程中最重要的一环。由先前决定的讲解者将制作好的 ppt 进行演示讲解,讲解结束后教师进行知识补充,并对讲解者的表现进行评定,给出相应的分数作为其平时成绩。例如在

"Where do we go from here"中,当讲解者介绍美国民权运动时,用了大量的图片,如 Rosa Parks 在公交车上的照片、sit-in 的学生照、运动中主要人物的照片,以及马丁·路德·金在华盛顿的著名演讲等视觉、听觉材料,声情并茂地运用自己的肢体语言分享他们小组的题目。在这个过程中,学习者的参与度得到了极大的提高,心中的自豪感得到了满足,进而激发了其学习动机。

笔者观察到这样的 ppt 演示有两方面的益处。一方面,讲解者总能花很大的心思尽可能完整地、逻辑顺畅地、多模态地将自己小组的题目讲解给其他学习者。在这个过程中,教师会对所做的 ppt 以及整个演说进行评价,并给出相应的分数,这些激励了学习者的学习,所以他们的演示文稿和演说过程随着时间的推移都是越来越好。另一方面,课堂中其他学习者因为多模态地接触所演示的题目,他们可以更立体地全面理解所解说的题目,并在演说结束后,就自己不明白的或感兴趣的相关题目向讲解者提问。例如,有个学生就问到了林肯、美国内战和美国民权运动的联系,这个话题一下子引起了整个班级的讨论。这样的讨论不仅补充了解说的题目,也让学习者更全面地了解了美国民权运动的起因经过等。这种多媒体多模态下的解说讨论不仅提高了学习者的课堂参与度,提升了学习动机,也更全面立体地让学习者了解了英美国家的文化知识,自主学习的乐趣也因知识的获得进一步提升。

3. 课后考查

课后考查主要是对课堂演说题目内容以及课文理解的测试。准备的课前预习材料的第三个部分就是考查题。比如前面说到的马丁·路德·金的演说"Where do we go from here"的考查题目就是"为什么马丁·路德·金坚持黑人走非暴力的民主运动形式"。学习者要想回答这个题目,必须理解课堂中所解说的内容,知道马丁·路德·金的生平,尤其是他的信仰、他的印度之行等相关内容,还要了解民权运动的特点以及课文中的相关段落。这道考查题就是为了让学习者能够认真地参与到前面的文化背景知识的查阅和讲解过程中,通过多媒体多模态地学习与课文相关的文化背景知识,自下而上地归纳知识点,发现知识点与知识点之间的联系,最终内化整篇文章的语言文化内涵,从而构建自己的知识体系,提升自己的语言综合能力。

第九章 信息化时代大学英语自主学习能力培养与教师研究

教师作为大学英语教学系统中的重要组成要素,在信息化时代背景下要与时俱进,积极提升自身的信息素养,如此才可以在具体的教学过程中为学生渗透信息技术支持下的学习能力,从而帮助学生全面提升知识运用能力。本章主要研究信息化时代大学英语自主学习能力培养与教师研究。

第一节 大学英语教师的信息化素质要求

一、转变课堂形态

(一)从独白课堂转向对话课堂

独白课堂是在大学英语教学中,教师拥有绝对话语权,对大学英语课堂教学的走向起着主导作用,学生则是失语者,大学英语课堂教学完全是教师的知识灌输过程。在这样的课堂上,教师与学生完全属于单边活动,学生并不是在主动地学习知识,而是被教师教会的。教师为了完成自身的教学任务,占据课堂的大部分时间,导致师生之间并没有过多的互动机会,学生也因此降低了学习兴趣和热情,产生了"虚假学习"现象。

互联网时代最主要的特征就是学习内容更为丰富,一方面教师不再是学生获取知识的唯一途径,也不是课堂的权威,学生如果在课堂上有些知识没有掌握,他们可以在课下通过互联网展开自主学习。另一方面,随着网络技术的发展,网上的交互平台增多,使师生之间可以通过网络进行交流互动,打破了之前的单边活动的局面,师生之间可以实时对话,这就使得课堂形态从独白走向对话。

对话课堂是大学英语课堂教学主要以学生为本,将学生视作英语课堂教学的主体,通过对话,在师生之间建构平等互助的关系,最终提升教师的英语教学质量和学生的英语学习水平。对话课堂可以划分为三种对话形式:师生对话、生生对话、生本对话。其中师生对话是主要的组成部分,教师和学生通过探讨某些问题,从而让学生掌握知识。生生对话是学生倾听其他同伴的意见,与其他同伴交流,对学生的个体差异加以弥补,共享他人的思维成果。生本对话是学生与文本展开对话,这是阐释性对话,是学生对文本的理解。

基于互联网的对话,英语课堂教学打破了现实课堂的束缚,使学生可以在任何时间、任何地方从自己的学习需求出发展开对话。当教师在学习平台发布自身的任务,学生可以直接在平台上留下问题,教师进行在线解答。除此之外,当学生在学习社区等地方进行阅读时,也可以与其他同学分享自己的想法,实现思维共享。

(二)从封闭课堂转向开放课堂

封闭的课堂不仅指的是英语课堂环境的封闭,更指的是英语课堂各个部分的封闭,主要表现在问题、经验、思维、教师交往等层面。

在互联网背景下,每个人都在通过网络获取信息,教师与学生也不例外。对于学生而言,互联网让他们接触了各种信息,逐渐提升了他们的认知水平,产生了更多的新思维。对于教师而言,互联网也让他们不断革新自己的教学方法,增加自己的知识储备,加强与其他教师的合作等。

开放课堂就是运用互联网资源,打破传统课堂的时空限制,将教师、学生从教材中解放出来,实现师生、生生之间的互动与合作,培养学生树立独立思维意识。开放课堂相比于封闭课堂,经验、问题、思维等都变得更为开放。现如今,学生可以从不同的渠道获取信息,实现自身新旧经验的碰撞。

(三)从现实课堂转向混合课堂

随着信息技术的发展,优质的网络平台逐渐建立和开放,为学生的多样化学习提供了更多选择余地,也不断促进英语教学的进步和发展。传统的现实课堂是单向灌输过程,在有限的时空内,学生不可能将教师讲授的内容全部接受,导致传统的课堂过分注重理论而忽视实践。虽然各种虚拟网络课堂发展迅速,为学生的英语学习提供了更为广阔的空间,但是由于学生缺乏学习主动性,对自己的管理也不严格,导致虚拟课堂也出现了很多弊端。因此,将现实课堂与虚拟课堂相融合的混合课堂才是首选。

混合课堂是融合了现实与虚拟、线上与线下的模式,能够拓展学生的英语学习时空,发挥教师的辅助与引导作用,让学生获取更为优质的资源,培养学生的英语实践能力。

在当前的英语教学中,混合课堂的应用主要有如下几个步骤。

第一,通过学习平台为学生布置任务,让学生通过观看短视频,对下堂课所要学习的内容进行搜集。

第二,在课堂上,学生展示自己的学习结果,也可以提出学习中的问题,在课堂上展开探讨。

二、构建智慧课堂

互联网教育创造了多种教育手段,其中智慧课堂就是其中的一种重要模式。智慧课堂即依靠智能化技术,发挥教师与学生的智慧,对传统课堂教学模式加以优化。

智慧课堂要求以智慧教学环境作为支撑,这些智慧教学环境包括智慧校园网、学习资源平台,核心在于通过网络或者移动终端,接入学习内容,展示学习活动,更新与共享学习内容等。智慧教学环境可以实现真实情景的创建,实现学习协作,还可以推动个性化的学习资源。

具体来说,大学英语智慧课堂教学的设计框架如图9-1所示。

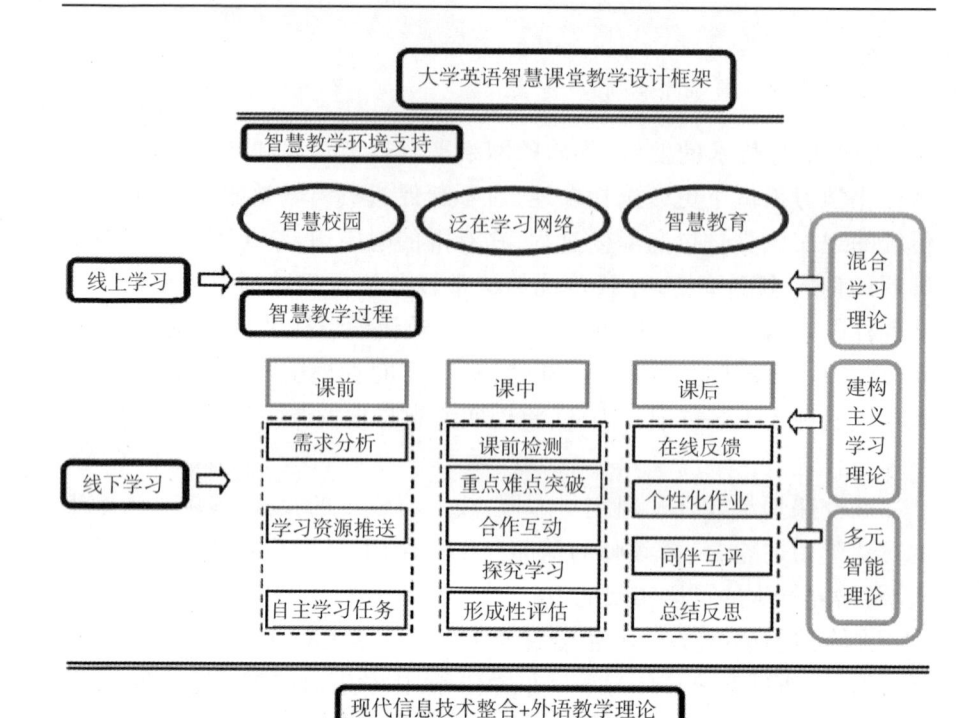

```
                    大学英语智慧课堂教学设计框架
            ┌──────────────────────────────────┐
            │      智慧教学环境支持              │
            │   智慧校园   泛在学习网络  智慧教育 │
线上学习 ⇒  ├──────────────────────────────────┤  ⇐ 混合学习理论
            │      智慧教学过程                 │
            │   课前        课中        课后    │  ⇐ 建构主义学习理论
线下学习 ⇒  │  需求分析   课前检测    在线反馈   │
            │ 学习资源推送 重点难点突破 个性化作业│  ⇐ 多元智能理论
            │            合作互动    同伴互评   │
            │            探究学习              │
            │  自主学习任务 形成性评估  总结反思 │
            └──────────────────────────────────┘
                  现代信息技术整合+外语教学理论
```

图 9-1　大学英语智慧课堂教学框架图

（资料来源：曹惠、厉建娟，2018）

（一）课前学习阶段

在课堂开始之前，教师可以通过网络问卷、测评等，对学生的学习需求加以了解，从学生的学习需求出发，教师为学生提供学习资源，制订学习任务。智慧的英语学习不仅包括习得知识、获得技能，还包括提升学生的英语思维与文化素养。

例如，运用移动终端APP，如"英语流利说"等进行听说训练。利用"喜马拉雅在线听"等，可以展开英语文化学习。对于学生的雅思托福考试，推荐学生使用一些泛在网络学习平台，展开有计划的学习。

（二）课堂学习阶段

在课堂进行中，智慧课堂教学要求发挥教师的智慧，运用先进科技，让学生主动探究。在课前检测阶段，可以通过在线测评，对学生的学习情况进行评估，从而设置自己教学的重难点。教学的重难点需要教师给

第九章　信息化时代大学英语自主学习能力培养与教师研究

予一定的指导,同时可以组成小组进行协作学习。教师可以运用网络平台发布一些探究学习任务,如从影视人物的对话中分析中西思维差异等。

在智慧课堂中,教师可以运用在线网络和移动终端,对学生展开形成性评估。这是通过对学生学习过程的观察与记录,对学生的学习效果进行监测,激发学生的英语学习兴趣。

（三）课后学习阶段

首先,在课堂结束之后,教师需要评价学生的学习成果。基于放在网络学习平台中设置的"学习记录"模块,对学生的学习情况加以记录。

其次,在评价的基础上展开个性化反馈,为学生设置个性化的作业,如果学生在学习中遇到问题,教师可以进行有针对性的辅导。

三、应用数字资源

在大学英语教学实践中,如果能够合理利用新型资源,则有助于改善大学英语学习效果。现代社会中的数字资源即新型资源,无论是计算机、笔记本电脑甚至手机、光盘等,都可以运用数字资源,因为数字资源对于当代人来说是非常便利的,并且其资源非常广泛。但是,无论资源多么庞大,只有将其运用到恰当的领域中,才能彰显其价值。

大学英语教学应该充分借助数字资源的优势,进行教学创新,具体来说,可以从如下几点展开。

（一）积极搭建数字化教学平台

随着互联网的普及,现阶段的大学生对于电子设备、网络都非常依赖,因此可以借助信息技术来搭建数字化教学平台。数字化教学模式改变了传统的时空问题,能够为学生提供更为便利的平台。数字化模式不仅限于课堂的学习,大学英语教师还应该为学生搭建数字化平台,在搭建平台时,教师应该从社会的需要出发,制订高端的英语教学目标,建立科学的教学体系,实现数字化模式的创新。

另外,教师还可以创建微信公众号,定期发布一些学习内容,做好对公众号的维护,让学生在课堂之外能够感受到英语学习氛围。当然,教师也需要做好监督的工作,帮助学生提升自身的自主学习能力。

(二)创新教学手段

在数字化背景下,大学英语教师应该充分利用数字化设备,借鉴不同的教学模式,为学生解释英语文化知识与内容。在教学手段上,教师可以采取线上体验式教学。传统的体验式教学大多是线下的,而现在加入线上设备,使得体验式教学的选择更为丰富,更具有探究性,同时激发学生对知识的探究意识。例如,教师可以选择一个电影片段,让学生体会语言的魅力,进而让学生进行配音,这样不仅能够让学生体会到原汁原味的英语语言,还能够调动学生学习的积极性。

(三)创新教学内容

教师在开展教学之前,除了梳理本节课需要讲授的知识,还需要进行课外拓展。如果数字化设备仅仅是将书本知识搬到网络上,这样就丧失了数字化教学的意义,因此教师应该对教学内容加以丰富,提升英语教学的趣味性与全面性。

第二节 信息化时代大学英语自主学习能力培养中教师的角色调整

随着教学的不断革新,英语教师的角色也发生了改变,从主演型角色变为导演型角色,在教学中担任着参与者、帮助者等角色。

一、引导者

在英语教学中,教师扮演着引导者的角色。教师要根据学生的具体情况制订具有可行性的学习方案,指出学生学习的方向;在具体的教学过程中,教师要引导学生向预期的学习目标努力,即给予学生各方面的引导,使学生受到启发,并主动接近教学目的,并从而逐步完成教学任务。具体来讲,教师的引导行为包含以下几个方面。

(1)根据学生的总体水平,选择适合的学习材料和学习策略,制订学生的学习目标。

(2)充分了解并参考学生的个体差异、具体个性特点和接受能力,与之探讨他们应该能够达到的最佳学习效果,帮助他们制订针对自身的切实可行的学习方案。

(3)指导学生合理有效地安排学习时间以及指导学生充分利用图书馆、互联网和课堂上与学习伙伴的讨论等。

(4)仔细观察并发现学生学习中存在的问题和困难,给予学生及时的支持和指导,并对学生在课堂内外的具体表现给出中肯的建议和评价。

(5)积极培养学生的良好学习习惯,培养学生的听说技能和交际能力,为学生制订长期和短期的学习计划。

(6)鼓励学生积极参与不同形式的课堂活动,激发学生学习的兴趣。

可以看出,教师作为引导者的主要目的在于引导和组织有意义的教学活动,监控学生的整个学习进程,并根据学生的学习反馈调整教学方法,引导学生寻找解决问题的途径,进而培养学生自主学习的意识和能力。

二、参与者

在传统的英语教学中,教师一直处于中心位置,占据着主体地位,教师大部分时间都在向学生灌输教材内容,很少有机会参与教学活动,同时学生的创造力和想象力的发展也受到了限制。随着英语教学的改革与发展,现在的英语教师已经由居高临下的知识传授者变为学生学习的参与者。教师与学生共同建构了教学这一体系,二者处于平等的地位,应该平等地参与教学。教师应成为与学生共同构建学习的参与者,与学生一起探求知识,当自己出现错误和过失时,要勇于承认。教师应建构平等、民主的教学环境,与学生一起积极参与各种教学活动,同时不能占据学生的主角位置,应成为学生学习过程中的观察者、倾听者和交流者。

当教师参与学生的活动时,就与学生成了合作的关系,也扮演起了合作者的角色。在合作的过程中,学生能感觉到教师不再是教学的权威,而是学生中的一员,学生的紧张情绪就会消除,学习的积极性会不断提高。对此,教师在参与课堂活动时,应抓住所有机会为学生创造轻松的语言实践活动,并积极参与其中,同时教师要注意在参与过程中对学生起到一种示范作用。在语言活动中,学生在运用语言时会不自觉地以教师作为榜样,在教师的引导下,学生的语言运用能力会逐步得到提高。

三、协调者

在英语教学中,教师要作为一名协调者来协调在语言学习过程中出现的人际关系和社会关系,弱化学生与学生之间、学生与学习之间的矛盾,营造一个积极、和谐的课堂气氛,从而促进学生的学习。具体而言,教师应做到以下几点。

(1)在教学过程中,教师常会组合不同形式的交流与互动活动,让学生参与其中。有交际互动,就会有不同的意见乃至矛盾的出现,此时教师要公正地判断各方意见,给予合理有效的评价,以一种平等、亲切的方式正确对待学生与学生之间的摩擦,进而解决问题,实现教学目的。

(2)在课堂互动过程中,教师要不断鼓励学生,减少学生在互动交流中出现的消极和焦虑情绪,让学生在良好的氛围中轻松地学习知识。

(3)教师作为协调者,在某种程度上也是为学生提供解决问题和达到某种教学目标或目的的"工具"。当学生分组讨论时,教师要仔细观察学生的讨论情况,并在学生遇到问题时给予必要的帮助,减少学生的挫败感。当学生遇到单词学习、听力理解等方面的困难时,教师要给予学生关于学习技巧等方面的指导与协调,在有限的课堂实践内协调好知识传授与学习策略传授,引导学生摸索和总结出适合自己的学习策略和技巧。

四、研究者

大学英语教师除了完成语言教学任务外,还承担着研究者的任务。他们在掌握语言教学理论与性质规律的基础上,逐渐构建自己的教学理念,并运用这一理念去指导实践活动,达到良好的教学效果。因此,大学英语教师在英语语言教学实践中,必须进行英语语言教学的理论研究,将教学研究与课堂教学实践相结合,从而实现理论到实践的转变,再到理论的升华。

五、技术应用者

在新时期,即网络、多媒体非常普及的当前社会,翻转课堂这一新的教学模式开始运用于英语教学,在这种教学模式下,英语教师的职责并没有削弱,反而面临着更艰巨的挑战,因为这一全新的教育形式对英语教师提出了更高层次的要求。基于翻转课堂的英语教师必须学会运用先进的教学手段和教学模式,改变传统的教学理念和模式,使自己成为现代技术的应用者,这样才能适应当前教育的需求。

六、资源提供者

在英语教学中,教师首先扮演着资源提供者的角色,这是毋庸置疑的,也是值得肯定的。教师有着广博的知识和丰富的经验,熟知语言的结构、词语的意义及用法等,能够给予学生多方面的支持和帮助。此外,学生自己所掌握的知识和资源有限,需要教师提供所学的学习资源,这里的学习资源不仅包括各类学习材料,还包括各种学习手段和条件,如网络多媒体、广播、电视等,所以教师是学生获取信息的重要来源之一。

作为资源提供者,教师要为学生的学习提供大量的信息资源、不同的学习工具和丰富的学习策略,同时积极开发和利用英语教材以及其他课程资源,从而增强教学的趣味性和灵活性,提高学生学习的积极性。此外,教师作为资源提供者,还要帮助学生解决学习过程中遇到的有关学习资料的问题。首先,教师要鼓励学生努力自己解决问题,教师可以向学生提供相应的参考书和有益工具,帮助学生有效地选择和使用学习材料;其次,教师可指导学生合理利用图书馆、多媒体和互联网等资源,引导学生有效查找资源,引导学生独立解决问题。通过教师的帮助和引导,学生可以有效利用各种学习资源和途径,在丰富知识体系的同时潜移默化地培养自主学习能力。

第三节 信息化时代大学英语自主学习能力培养中教师的专业发展

一、教师专业发展现状与问题分析

(一)英语教师的数量不多

目前能够承担英语教学的教师数量有限。在高校中,专业英语的毕业生极少,而在高校的教学中,对英语教师的需求量却很大,英语教师出现供不应求的状况。很多高校采取内部培养的方式将大学英语教师培养成为专业英语教师。这个培养过程至少需要一两年的时间,专业英语教师数量增长缓慢。在另一方面,高校年年扩招,学生数量增长极快,教师和学生的比例远远达不到教育部的要求。另外,学生在完成了高中英语学习之后,英语水平已经达到一定的层次,很多学生便将英语学习的兴趣从大学英语转向了专业英语,使得班级增大、人数增多,专业英语教师明显不足。

(二)英语教师的工作量大

由于班级多、课时多,英语教师数量严重不足,专业英语教师的教学工作量很大。在课时上,一周十一到十六节,教师每天奔波在上课的路上,十分疲惫。由于专业英语一般都在高年级开设,在学习的后期学生会被安排在各地实习,因此专业英语教师还要到外地上课,工作很是辛苦。在备课上,专业英语教材涉及很多专业内容,对于英语专业出身的教师来说难度不小。不仅专业英语的词汇需要做大量的准备工作,专业

第九章　信息化时代大学英语自主学习能力培养与教师研究

内容更需要去了解,更新自己的知识储备,这就需要专业英语教师付出相当多的努力。在课下,专业英语很多都是应用型的内容,需要学生做翻译和报告,这给专业英语教师带来了批改很多作业的工作量。如此从备课、上课到课后批改作业,专业英语教师几乎成为一个"教学机器",而进行教学反思、教学改革,科研、业务研修等同于一句空话。

（三）英语教师的整体结构欠合理

根据笔者做的一份调查问卷的结果显示,目前专业英语教师的师资结构欠合理。就男女比例而言,绝大部分为女性,男女比例失衡;就年龄层次而言,30岁以下的教师占了67.8%,40岁以上的教师占了12.7%,中间层缺失,年龄结构缺乏一个合理的、有层次的递进;就学历层次而言,87.6%的教师拥有硕士学位,拥有硕士学位的教师占100%,仅有1%的人拥有博士学位。这反映了专业英语师资队伍距优化、精干、高效的目标还有相当大的距离;就毕业学校而言,仅有50%的教师从师范专业毕业,其余的教师为非师范院校的教育背景。由此可见,专业英语教师的整体结构欠合理,需要在男女比例、年龄、学历等各个层面进行优化,确保专业英语教育教学的成效。

（四）英语教师的科研水平有待提高

由于专业英语教师的教学工作量大,因此很少有时间去从事科研活动,在科研成果上表现出成果少、层次不高。大部分教师在发表论文、著作出版方面面临"瓶颈",难以找到突破口。加之,由于大部分英语教师为青年教师,他们获取科研资助的渠道少,大部分竞争性的科研项目被一些部门垄断,在科研上缺乏资金支持,难以围绕一个研究方向持续努力。在自身发展方面,由于现在高校科研考核指标都被量化,数论文、数专利、数引用,忽视了学科、专业、研究领域和研究方向的差异性,因此使得专业英语教师在科研上举步维艰。

（五）英语教师自我发展的自主性不强

专业英语教师一般都是高校教师,而高校教师的发展是长期的、全面的、系统的过程。高校教师作为高等教育的施教者所要承担的责任和要求很多。要想成为一名优秀的高校教师,需要付出十足的努力,长期的埋头苦干、淡泊名利。在这样艰苦、长期的过程中,有些教师便放弃了、退缩了,导致自我发展的内在动力不足。

二、英语教师的发展阶段

教师的发展具有阶段性,不同教龄和职称的教师处于不同的职业发展阶段。英语教师在大学中是比较特殊的群体,独立于各类教师的培养模式之外,因而他们如何发展,经历怎样的发展阶段是每个教师都应考虑的问题。综合国内外学者的研究成果及各位教师的心得体会,笔者将高校青年英语教师的发展划分为四个阶段:适应期、发展期、突破期和成熟期。

(一)适应期

刚刚走出校园走上工作岗位的新教师处于这一阶段。这一时期需要一到两年的时间。目前,我们的专业英语教师大多经过三年系统的正规的研究生学习,掌握了语言学及文学的理论,语言基本功扎实,具有较强的科研意识。在经过短暂的专业英语培训之后,走上工作岗位。由于英语教学不是他们所熟知的教学内容,因此他们需要重新认识学校环境和课堂环境,对教学情境进行分析。由于缺乏教学经验,他们对教学过程的认识较为理想化。他们使用全英文授课,采用全新的教学理念和理想的教学方法。在课下,他们希望与同事和学生进行交流。但经过一段时间之后,他们发现学生的英文水平并没有想象中的好,学习热情也不高,在课堂上不愿意配合教师,课后作业完成的情况也不是很理想。教学并不像想象中的那样得心应手。资深的教师同事并不能在一起讨论问题和交流教学经验。在科研上,他们感到科研压力重重,职称竞争激烈,科研找不到突破口,对未来的发展感到渺茫,这让他们感到十分的失落。他们尚需适应,并且需要积累丰富的教学和科研经验来帮助他们摆脱失落感。

对于这一时期的英语教师而言,要迅速摆脱失落感有两种方式。一方面,一些资深的老教师要确实起到传、帮、带的作用。学校可以为每一位青年教师指定一位指导教师。课前帮助青年教师备课,找出重点,调整结构,课上进行积极的指导,找出薄弱环节,课后帮助青年教师

第九章　信息化时代大学英语自主学习能力培养与教师研究

总结经验,及时解决教学中出现的问题。这是一个帮助青年教师发现问题、解决问题,逐步提高教学技能的过程,逐步帮助青年教师站稳讲台。不仅如此,青年教师还要学习老教师的敬业精神、师德风范、工作业绩和突出贡献,这样由老教师带出一批高素质的青年教师。另一方面,青年教师也要不断学习,进行教学技能训练。认真对待每一堂课,多方听取不同意见,使教学实践技能不断加强和丰富。特别是自己不太熟悉的专业知识更应该虚心学习,做到了解和熟悉。在教学技术方面,应该努力学习新技术,特别是多媒体技术和网络技术,使自己的教学具有信息化和多元化的特点,利用各种教学资源来完善自己的教学活动。

(二)发展期

发展期一般指具有三到五年教龄的教师经历的这一时期。青年英语教师经过适应期之后,多数教师具备了一定的教学经验,能够胜任教学工作,因而这一时期的英语教师有时间、有能力思索自己的发展问题。在教学工作中,他们已经能够将过去所学的知识同现在的情境和问题相联系,使现在的教学超越过去的教学。而且他们意识到教学中的问题是普遍存在的,必须与学生沟通,从一点一滴加以解决。在科研工作中,大多数教师意识到科研工作的重要性,开始独立撰写学术论文,有的甚至考虑攻读博士,外出进修或准备"跳槽"。这一时期是完成一名助教向一名职业教师过渡的关键期。与此同时,在这一时期,他们对教学还缺乏信息,当学生对教师的权威提出挑战时,他们便束手无策;缺乏处理问题的灵活性,在教学中仍然感到不能得心应手。科研中,虽然科研意识增强,但成果较少,档次不高,科研压力巨大。

要解决发展期青年英语教师遇到的问题,首先英语教师要从自身做起。英语教师要深入钻研心理学尤其是教育学和教学法方面的知识,熟悉教学工作的步骤和基本的教学原则,熟练掌握现代化的教育技术。同时英语教师还要加深自己对专业知识的了解,可以去听课,向专业教师讨教,使自己的语言知识和专业知识共同发展。在调整自身知识结构的同时,青年英语教师还要在实践过程中消化、发展和运用所学知识,使明确的知识经验化并内化成自己的教育理念和信念;新形成的教育理念和信念又可以指导教学实践,使自己的教学行为科学化、规范化和理性化,实现理论与实践的融合,成为准学者型教师。在学校方面,学校应该根据英语青年教师的个人愿望,结合岗位需求,为青年教师的专业成长搭建平台。学校还应与外界进行学术沟通和联系,聘请专家、学者举办定期讲座、进行讲学,扩大青年教师的学术视野,为他们今后的学术发展提供良好的导向。学校在科研立项方面要加大青年科学基金投入的力度,扶持青年教师科研立项,引导青年教师进入科学研究的殿堂。对于英语教师而言,要鼓励青年教师立足教学实际,从小的课题起步,解决教学中的实际问题,不要盲目跟风,不要热衷于追求热点。在教师和学校双方的共同努力下,使青年英语教师顺利进入下一个发展时期。

(三)突破期

突破期是教师具备了五年的教龄,教学进入了熟练水平的发展阶段,这一时期的特点是准学者型教师。在教学工作中,教师对教学情境产生了直觉感受,并通过对教学情境的分析积累了丰富的经验,开始逐步形成自己的教学风格、教学思想和教学理念。在教师队伍中,这一时期的教师也开始了分化。一部分英语教师由于十分熟悉教学模式,对课堂的驾驭能力增强,同时也失去了对教学的热情。这部分教师进入了教学的"退化"时期,他们不再钻研业务,使学生的专业能力退步和语言欠缺,他们习惯于一种教材的循环使用,不再思考新的教学模式和教学方法。另外一部分教师则努力克服自己的惰性,在教学中不断尝试新的教学模式和教学方法,时刻关注学生的变化,及时更新自己的知识结构,使自己不断保持对知识和教学的热情。在教学科研中,他们已小有成就。他们以自己的学科性质和个性为基础,将理论内化成实践知识,通过系统的反思来整合自己的学科知识,在理性发展上下功夫,走上升型道路。教师想要在这一时期实现自己在教学和科研能力上的突破,就需要进行大量的客观研究。在前期努力的基础上,教师将个体的经验和材料为主的自然研究扩大到研究一般规律的理论研究,强调定性和定量研究的有机结合,提高自己的研究意识和研究能力。学校也要构建促进专业英语自我发展的组织环境和制度发展平台。所在院系可以定点设立研修机构,开展学术活动,在专家的带领下,鼓励青年教师参与教学和学术活动,加强横向学科的导向性,积极开展多层面的互助教研,创

第九章　信息化时代大学英语自主学习能力培养与教师研究

建多种形式的专业引导规范教研的学习制度,构建终身学习体系。在学校的研究平台上,在各位英语教师的努力下,青年教师将实现自身的突破,成为准学者型教师。

(四)成熟期

成熟期是指具有九到十年教龄的教师。这一时期的英语教师已经产生了两极分化。一种已经逐步成熟,掌握了一定的科研方法,基本成为教学与科研型教师;另一种则蜕变成"教书匠",无法实现从讲师到副教授的质变。教学和科研型的教师对教学轻车熟路,收放自如。他们不仅能抓住教学的重点,进行深入细致的讲解;对教学难点也能由浅入深,逐步把握其本质。学生不仅可以掌握书本上的知识,还可以了解到课外的最新知识;不仅如此,在学生与教师的互动过程中,学生可以感受到教师的人格魅力,将教师作为自己人生的楷模。在科研中,这一时期的教师已经比较成熟,已经找到了自己的研究方向。他们解决问题不急于求成,他们总会先找到问题出现的原因并加以深入的分析,在解决问题上更加深入和细致。但这一时期的教师容易产生自满的情绪,对自己已经取得的成绩洋洋得意,失去了前进的方向。这一时期的教师一方面要保持现有的成绩,另一方面要鞭策自己,不断前进。

教师在这一时期除了自身要努力外,外界提供的发展条件也是十分必要的。一些组织机构可以组织英语教师进行培训和学习,在同行的交流中扩大视野,充实自己的知识结构。在一些发达国家,不少大学教师,包括英语教师的成长都是依靠这一类组织来实现的,这一点值得我们效仿。在学校方面,学校鼓励教师外出进修,让教师不断得到提升。在学校人才培养的支持下,教师得到发展,才能涌现出更多更好的教学和科研成果。在各院系教研室方面,这一时期的教师可以指导新教师。通过指导新教师,老教师也受到了很多启发,他们的不足之处也使老教师引以为鉴。在指导新教师的过程中,这一时期的英语教师也在鞭策自己不断努力。

教师是一个终身学习的职业,在教师的职业发展生涯中,需要不断地补充知识、提高技能和能力。青年教师也要针对自身情况,选择不同的发展途径,找到适合自身成长的道路。

三、信息化时代大学英语教师专业能力的提升策略

随着信息化2.0时代的到来,其在教育领域的影响也越来越大,对教师的信息素养提出了越来越高的要求,教师作为学生学习的引领者,需要更加注重自我意识的提升,才能给予学生更多动力。

(一)学校要不断完善教师信息素养培训体系,营造良好氛围

学校需要做好顶层设计,对于学校教师的整体水平要有清晰的认识,对于自己想要达到的水平要有清晰的定位。不断完善和提高学校教师的培训体系和激励机制,提高他们的信息化创新能力,针对不同科目、不同年龄、不同层次的教师要进行有针对性的分批培训。在培训过程中,要注重培训项目与培训内容的多元化,增加教师的学习兴趣,为教师提供更多的机会,丰富教师的教学经验,帮助他们转变固有的教学方式,为其适应信息化新环境打下坚实基础。

学校需要定期开展公开课的交流,让教师定期展示信息技术与教学整合的研究成果,将一些优秀的教学成果和优秀的课件进行一一展示,在教师间形成交流互动,帮助教师们通过取长补短提升自我教学能力。开展实施综合性的教学评价,为信息化教学的开展营造良好的氛围,为广大教师创造信息技术应用的环境,并对教师的应用成果进行总结和评比,最终落实到教师的职称晋升、教学能力考核等方面,调动广大教师的积极性,对于优秀教师积极给予嘉奖与鼓励。对于新教师要鼓励其去听其他教师的课程,学习其教学经验,鼓励新教师通过自主学习,专研信息技术的使用并将其与教学知识结合起来,通过一定时间的学习再给予评定,确保评价过程的公平性。

鉴于互联网安全问题的复杂性,学校应该提升网络安全认知,建立多部门协同联动的管理机制,安排专门人员负责网络安全,完成网络信息的实时监测以及预警工作等重要任务。在确保校园网络安全的同时,也要做好应急知识的宣传培训工作,在教师与学生中积极宣传网络安全知识,营造良好的校园网络安全环境。

(二)教师要转变教学观念,增强自身对信息素养的认识

教师需要充分认识到信息素养提升的重要性,积极主动地接受信息技术培训安排,与其他教师进行交流探讨,相互借鉴学习,对于部分培训占用空余时间的情况予以理解,能够将在培训过程中学到的东西灵活地运用到教学过程之中,自觉地加强自己的教学设计理念与信息技术思维的结合,借助信息技术手段更新自己的专业知识,及时了解自己教学领域更加前沿的内容,从根本上做到将信息技术与所要教学的内容进行结合,在充满多媒体教学设备的教室中教学,能够灵活运用信息设备,为日常教学注入新鲜的活力,转变自身教学观念,提高教育教学质量,与学生进行有效的课堂互动,增加课堂趣味性。

教师在接受信息化培训的同时,也可以提升自己对信息的敏感度,灵活运用信息技术把握教育前沿的知识,开拓自己的眼界,加强对信息素养的认识,增加自己的理解与认识,合理利用信息技术丰富自己的教学领域,进而提升自己的信息素养。

(三)教师要更新教学方式,提高自身的信息化创新能力

实践证明,学校提出的合理有效的激励机制能够充分地调动教师参加信息化培训且不断提升自己教学创新能力的积极性。能够有效激发教师的潜能,提高教师在课堂上恰当地使用现代化的教学手段的能力,在丰富学生感官体验的同时,让学生能够在短时间内获得更加形象直观的知识,加强学生对知识点的识记,学生信息素养的提升是教师教学的最大动力,学生获得了知识,教师也会收获极大的满足感,增加自己对自我职业的认同感,更加积极主动地改进教学方式,推动自我教学能力的提升。

为了给学生提供自由探索的空间,挖掘创造性思维,在整个教学过程中,当学生完成任务失败时,教师应及时鼓励学生并协助其完成相关任务,通过反复的训练,激发学生努力完成各项任务的主体意识,获得成就感;校外方面,通过提供安全可靠的校外实训基地平台,每年寒暑假期间为学生提供与专业相关的固定兼职岗位,同时选择岗位中优秀的企业员工作为学生的师傅,以企业师傅为榜样,潜移默化地提高学生的一般能力素质。

第十章 信息化时代大学英语自主学习能力培养与评价研究

教学评价是教学体系中的重要组成要素。通过教学评价,教师可以充分掌握学生的学习情况,进而调整教学方式、方法,以选择适合学生学习的教学模式来引导他们展开学习。教学评价的作用是毋庸置疑的,一直以来都受到人们的关注与重视。在信息化时代背景下,教学评价这一要素需要与时俱进,结合网络展开评价,体现出新颖性与有效性。本章研究信息化时代大学英语自主学习能力培养与评价研究。

第一节 大学英语教学评价的相关内容

一、教学评价的界定

评价在人们的社会活动中广泛存在。有人认为,"评价是确定课程能否达到既定目标的一种手段"①。也有人认为,"评价是运用不同的渠道,对学生的相关资料加以收集,并将这些收集的资料与预定的标准相比较,进而做出判断与决策的过程"②。还有人认为,"评价是对相关信息进行收集、综合、分析,从而用这些信息促进课程的发展,对课程的效

---

① Tuckman. B. *Evaluating Instructional Programs*[M]. Boston: Allyn & Bason Inc., 1979: 1.
② Montgomery. K. *Authentic Assessment: A Guide for Elementary Teachers*[M]. Beijing: China Light Industry Press, 2004: 8.

第十章　信息化时代大学英语自主学习能力培养与评价研究

度、参与者的态度进行评定"[1]。

但是,更多的人将评价等同于价值判断。就英语教与学来说,评价指的是学生能否达到某项能力,学生能够实现课程目标,教师的教学与学生的学习能否帮助学生实现既定目标的一种判断手段。

二、英语教学评价的基本方法

当前的高校英语教学主要以终结性评价为主,而为了保证与当前社会发展相适应,还需要实行形成性评价,这样才能使教学的属性完整地体现出来。

（一）学习档案评价法

学习档案评价法是当前应用较为广泛的评价方法。所谓学习档案评价法,是指对学生个体的各种信息进行收集。一般来说,其收集的内容具有多样性与动态性。

学习档案积累的材料代表的不仅仅是结果,而是学习过程与学习活动,其包含选择学习内容、比较学习过程、进行目标设置等。[2] 学习档案评价可以有效提高学生的自主学习能力[3]。

在档案建立之前,教师可以组织家长与学生阅读学习大纲,理解档案构建的必要性,并对如何构建、使用进行指导,为以后有效地使用档案袋做准备。一般来说,构建的流程如图10-1所示。

（三）结构化观察表格

结构化观察是人们通过感觉器官或借助一定的仪器,有目的地对自然状态下的现象进行考察的一种方法。这种方法主要用来收集学生的学习行为反应信息。表10-1是用于观察学生在课堂中出现不集中注意行为的表格。

---

[1] 李雁冰.课程评价论[M].上海:上海教育出版社,2002:113.
[2] 罗少茜.英语课堂教学形成性评估研究[M].北京:外语教学与研究出版社,2003:38.
[3] 刘梦雪.通过自我评估训练促进自主式英语学习的实证研究[J].疯狂英语(教师版),2009(4):54-57.

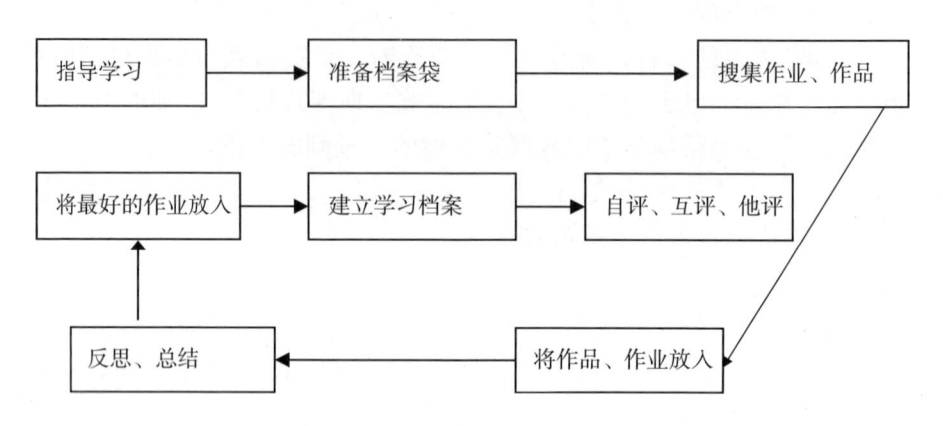

```
指导学习  →  准备档案袋  →  搜集作业、作品
                                    ↓
将最好的作业放入 → 建立学习档案 → 自评、互评、他评
      ↑                               
  反思、总结  ←            将作品、作业放入
```

图 10-1　学习档案构建流程

（资料来源：任美琴，2012）

表 10-1　学生出现不集中注意行为的观察记录表

	0～5	6～10	11～15	16～20	21～25	26～30	31～35	36—40
S1								
S2								
S3								
S4								
……								
Sm								

（资料来源：柯清超，2016）

（三）表现性评价

表现性评价（Performance Assessment）通常也称绩效评价，它是通过观察学生在完成综合性或真实性任务时的学习表现来判断其发展过程和结果的评价方法。美国国会的技术评价办公室将表现性评价定义为"通过学生自己给出的问题答案和展示的作品来判断学生所获得的知识和技能"。这主要包含三层含义：第一，学生必须自己创造出问题解决方法（即答案）或用自己的行为表现来证明自己的学习过程和结果，而不是选择答案；第二，评价者必须观察学生的实际操作或记录学业成果；第三，评价必须能使学生在实际操作中学习知识和发展能力。

第十章　信息化时代大学英语自主学习能力培养与评价研究

表现性评价既可以评价学生在完成表现任务过程中所表现的行为与心理过程,也可以评价表现性任务中所涉及的内容和完成任务的结果。其核心在于被评价者所执行的表现性任务与评价目标的高度一致性。它不仅将综合思考和问题解决联系起来,而且还让学生在合作中解决真实性或与现实生活相类似的问题,从而使教学更具有现实意义。

比如,要评价学生的计算机应用方面的某一能力,就应该让学生利用计算机来完成相应的设计或实践任务,在任务完成过程中观察学生的各种表现和结果,而不是让学生在试卷上回答操作步骤、程序方法等。作为一种新型评价方式,表现性评价与传统测验的区别主要体现在任务真实性、复杂性、所需时间和评分主观性等方面。

1. 表现性评价的常用方式

（1）演示

演示是一种按照规定的要求进行操作的能力表现,学生可借助演示过程展示其能够运用知识和技能来完成一项特定的复杂任务。它通常指向展示学生技能的运用过程或熟练程度,而不是指向学生的思维过程或知识陈述。演示任务通常是定义良好的学习问题,学生和评价者一般都了解完成演示任务的正确步骤或最佳方式等,如要求学生演示网络信息资源的获取过程等。

（2）实验与调查

实验与调查也是一种按要求操作的能力表现,学生可以通过设计、实施及解释过程和结果来表现能力。实验与调查可以评价学生是否运用了适当的探究技能与方法,还可以评价学生是否形成了适当的观念框架,以及对所调查的现象是否形成一种基于学科知识的理论化解释等。为评价这些能力,在开始收集数据前评价者应要求学生进行估计与预测,再通过收集、分析数据来展示学习结果,得出结论并进行论证。

（3）项目

项目主要有个体项目与群体项目两种形式,它是指需要学生个体或群体完成的一项探究性任务。个体项目通常用来评定个体综合应用知识技能的探究能力,而群体项目除考查学生的探究学习能力外,主要用来评价学生是否具备适当的合作学习或协同工作能力等。精心编制的研究项目应要求学生能综合应用知识技能解决问题,通过项目研究过程可以对学生综合运用知识的能力作出评价。

（4）口头描述与戏剧表演

口头描述要求学生说出他们的知识，并以会谈、演讲的方式使用其口语技能，如在语言及语言艺术课程中，许多学习目标集中于语言的流利及交流技能的方式上，而不是内容的正确性上。而戏剧表演则是将言语化、口头与演讲技能及运动能力表现结合在一起，如学生可以将他们对虚构人物或历史人物的理解，通过扮演角色将这些人的个人特点表现出来。

（5）作品集

作品集最初是艺术家、摄影师、作家用来收集和展示其作品的，后来被一些教育工作者用作表现性评价的基本方法或唯一方法。学生作品集是学习作品的有限集合，用于展示学生的最佳作品或记录学生在成长过程中的学习成果。通常情况下，用作学习评价的作品集不仅包括学生作品的集合，还应包括判断优秀作品的标准，学生对作品的修改及对作品的自我分析与反思等。

2. 表现性评价的应用设计

（1）明确评价目标和标准

首先要根据课程标准和教学内容来构建评价目标和标准。所确立的评价标准要明确、简洁和可操作，而且还要尽量让每个学生都熟悉并能正确理解目标要求和标准量规。

（2）选择评价重点

按评价的重点不同，表现性评价可分为侧重过程和侧重作品两种。一般来说，如果表现性任务没有作品要求或者对作品进行评价不可行时，主要侧重对学习过程展开评价。如难以评价作品或评价作品的成本和代价过高，操作过程具有一定的顺序并可直接进行观察，正确的过程或操作步骤对后续学习或活动的成功至关重要，对过程的分析有助于提高结果的质量等。同样，在某些表现性任务中如果对结果具有明确要求，而且结果比过程更值得关注时，通常以学习作品作为评价重点。

（3）设置表现性任务

表现性任务的选择对学生应具有一定的新颖性和挑战性。要选择那些学生比较熟悉的生活情境或现实问题，以便要求学生在具体情境中综合运用他们所习得的知识和技能。任务设计不仅要对学习目标、评价标准、任务结果、建议策略等做出具体说明,而且还要明确完成任务的时间要求与支持条件。另外,任务设计必须切实可行,要保证学生能有足够的时间、空间材料和其他资源完成任务,而且为完成任务所需的知识和技能都能在学习过程中获得。至于任务数目的多少,则主要取决于评价的范围大小、目标的复杂程度,以及完成每项任务所需的时间和可用的资源等因素。

（4）收集信息资料

在日常教学中对学生的观察往往并不系统,而且缺乏对观察结果的正规记录。因此,难以为评价学生的复杂表现提供全面、客观的信息。表现性评价是在具体的任务情境下来观察和记录学生的表现和结果,它通常需要使用行为检核表或评价量规表等观察并记录学习过程的系统化信息,并且与日常教学中的非结构化观察有机结合,以保证既能收集到与评价目标直接相关的信息,也能收集其他有价值的信息和资料。另外,必须正确定位教师在表现性评价中的角色。教师在表现性评价活动中不再只是"权威",而更应成为学习评价活动的促进者、指导者、管理者及任务开发者。

（5）形成评价结论

在形成评价结论时,应参考多种评价资料,从多维度、多层次对学生的表现进行综合评价;定量评价和定性评价相结合,既要关注学习过程,也要关注学习结果。表现性评价鼓励学生本人参与评价过程,将个人自我评价与小组相互评价相结合,以促进学生的自我反思和提高。

根据学生的表现,参照评价目标和标准,结合学生自身的因素和环境因素,以发展的观点指出学生的优势和不足,并提出有针对性的改进建议。作为教师,应当从表现性评价中认识到教学已经取得的成果和存在的不足,不断改进教学。

3. 评价实施及判分建议

（1）如果时间允许,可以让学生实际开展研究和有关技术实践,并针对学生在不同阶段和不同环节上的表现进行评判;也可以通过纸笔测试方式,要求学生制订详细的研究计划,并对计划考查的各环节的技术操作进行详细解释。

（2）对于学生的实际操作，可根据学生在不同阶段和不同环节上的实际表现依次制订评价标准并判分，最后累计学生在不同阶段和不同环节上的表现得出总分。

（3）如果希望考查学生活动过程的质量，可以围绕学生在活动过程中的规划意识和规划能力、信息技术应用水平（包括信息作品创作过程中的个性和创造性）、学习态度和参与意识、投入程度、交流能力与合作精神、问题解决能力等制订面向活动过程的评价指标。

第二节 信息化时代大学英语教学评价的多元化体系

一、信息化教学评价

（一）信息化教学评价的理念

随着教学评价研究的进展，当前的学习评价在理论和方法上都已呈现出多元化的趋势。各种学习评价新理念，如发展性评价、真实性评价、多元化评价、动态性评价、后现代主义评价等越来越受到关注。

1. 发展性评价理念

发展性评价由形成性评价发展而来，它是根据一定的教学目标，运用适当的技术和方法，对学生的发展进程进行评价解释，以使学生在学习过程中能不断认识自我、发展自我和完善自我的评价活动。该理论认为，教学评价要尊重和体现个体差异，以便激发学生的主体精神，促进每个个体最大可能地实现自身价值；评价是与教学过程持续并行而且同等重要的过程，它贯穿于教学活动的每一个环节，是教学活动的有机组成部分，其目标是为了促进学生发展，而并不仅是为了检查学生的表现。因此，发展性评价更加强调以人为本的思想，重视通过评价来发现人的价值，发掘人的潜能，发展人的个性，发挥人的力量。

2. 真实性评价理念

真实性评价（Authentic Assessment）是20世纪80年代末在美国

兴起的一种新型评价方式,它要求学生运用所学的知识和技能去完成真实世界或模拟真实世界中一件很有意义的任务,并试图用接近"真实生活"的方式来评价学习的成就水平,任务完成的绩效主要依据学业标准制订的评价量规来进行评定。真实性评价是对标准化评价方式的有效补充,根据实际需要,教师可以在教学过程中交替使用这两种方式开展学习评价。目前,真实性评价已逐渐从教学评价的边缘走向中心,并成为信息化教学评价的重要理念和方式。

3. 多元评价理念

现代智力研究成果认为,学习能力是多方面的,不同的学生可能擅长以不同的智力方式学习,其知识表征与学习方式有许多不同的形态;学生在意义建构活动中表现出来的并不是单一维度的能力反映,而是多维度能力的综合体现。因此,应该通过多种评价手段来衡量不同的学生,应该针对学习的不同维度综合评价,以便全面反映学生的学习状况和学习成果,并给学生以多元化、弹性化、人性化的发展空间。

4. 动态评价理念

动态评价理论源于苏联著名心理学家维果茨基的社会发展认知理论。相对于传统评价只提供学生在单一时间点上的测验表现或成就信息的相对静态化评价来说,动态评价能够统整教学与评价过程,它兼重过程与结果,兼顾社会介入与个别差异,并通过师生间的双向沟通与互动关系,同时考查认知潜能和学习迁移能力,因此,可以评价与预测学生最佳的发展水准。

(二)信息化教学评价过程

信息化教学与传统教学在评价方面的最大区别,就在于它对学生发展过程的关注和促进。单就评价的一般过程而言,两者并无本质的区别,其一般过程大致可分为评价准备、学习信息收集和整理、学习信息的判断和分析,以及评价结果的形成和反馈等阶段。

1. 信息化教学评价的准备

古人云:"凡事预则立,不预则废。"由此不难理解,准备阶段是评价实施的预备阶段,准备阶段的工作质量将直接影响评价结果的质量。在信息化教学评价中,除进行传统的相关评价准备外,重点要进行各种信息化评价量规、手段和工具等方面的准备,具体可分为四个方面。

(1)明确评价目的和评价目标。

(2)设计评价量规体系。科学、合理的量规体系是评价取得成功的基础,也是评价结果可信和有效的关键。因此,开展教学评价并对教育现象进行价值判断,必须有一个严密的衡量参照依据,即评价量规体系。通常,评价量规体系的建立应在评价活动开始前进行设计,而且量规体系的设计过程应尽量让学生及家长参与。

(3)确定收集和处理评价所需信息的方法。

(4)设计评价生成工具。

2. 评价信息的收集与整理

在信息化教学评价中,学习信息的收集是指评价者运用科学的方法,系统、全面、准确地收集评价所需学习信息,并将其作为进一步对评价对象进行分析、判断的主要依据。它是教学评价的基础性工作,是评价过程中的重要环节,也是评价过程中最为费时、费力的一项活动。

收集评价信息,首先要明确需要什么信息,其次是确定信息源的数量,还要选择收集信息的具体方法。

(1)应收集的学习信息

在信息化教学评价中,需收集的信息不仅要包括传统评价中用到的各类测试成绩,还要包括学习过程中的相关信息,以及合作伙伴方面的信息等。

①各类测试结果。测试成绩,无论在传统教学评价还是在信息化教学评价过程中都是极其重要的评价信息。但不同的是,在信息化教学评价中的测试结果不仅仅是一个分数,还要包括测试中的各种分析,如学生对知识点掌握的分析、学生在同伴中的相对位置分析等。

②各类评估表。评估表(Assessment Form)是以问题或评价条目形式组织而成的,它主要用于学生的自我评价,也可提供给教师或学习同伴进行开放式评价。信息化教学评价过程中可用到多种评估表,如学习成果评估表合作或协作小组评估表等。通过各类评估表的收集,可有效地评价学生的反思过程,收集师评、互评资料。

第十章　信息化时代大学英语自主学习能力培养与评价研究

③学习社区积分。社区积分就是学生在"相互对话"与活动过程中的表现信息。其基本内容可包括学习者在学习社区(如学习论坛)中活动情况的记录,如在论坛中的发帖数、回帖数、参与研讨的次数、回答别人问题的次数、精彩论题数等。另外,还有学生个人学习课题的基本档案,包括文章上传学习信息的收集、作业提交情况、优秀作品和精华帖的情况等,并按照一定的权重记分。

④学习档案袋。学习档案袋可实现学习过程中信息的收集。其内容包括:"个人信息""学习过程信息""作品信息"和"课程相关项目信息"等。通过此类信息的收集,可为综合性、过程性、对话性、表现性、反思性的评价活动服务。

⑤可参照的评价案例。网络的共享性为评价者进行选择提供了许多可参考的资源,因此,可事先收集一些其他评价过程中完整的典型案例。这样,可使评价活动直观易行,但也需要评价者根据不同的分类视角,如成果形式、学习者差异等进行一定的推荐和整理,便于进行同类评价参照。

(2)学习信息收集的方式

在信息化教学评价过程中常用的收集信息的方式有五种。

①测验法。测验法就是针对评价对象,运用教育测量理论和方法编制高质量的量表,并施测于评价对象,以获取评价信息的一种方法。同时,在设计测验时应注意同时考虑其信度、效度、难度和区分度等相关因素。在信息化教学评价中,可利用基于计算机和网络技术的电子测验系统进行测验。

②查阅相关资料。查阅相关资料就是对现有的资料进行检索、阅读、整理、统计以及浓缩,从而获取定量和定性的评价信息。在信息化教学评价过程中,可通过网络、计算机技术等检索学生的电子学习档案来获取学生学习过程中的信息,也可通过网络搜索引擎查找相关信息。

③个别访问。个别访问即评价者通过与评价对象面对面的谈话来了解情况、收集资料的方法。现在,除进行面对面访谈外,还可通过建立评价者邮件列表、访谈对象邮件列表,开辟专门的访谈区等方法进行同步或异步的个别访谈。这样不仅可打破以往面对面访谈时间上必须要求同步的限制,给访谈双方一些缓冲的余地,而且由于彼此不直接见面、匿名的特点,不易在访谈双方产生紧张、抗拒、隐瞒等不良情绪,进

而保证访谈效果。

④问卷法。问卷法是为了获取较大范围内教育活动的信息,向有关人员分发印好的表格,要求按题作答,然后集中整理统计提供评价信息的方式。当前,为了进一步扩大获取信息的范围、提高问卷收集的效率,常将问卷以网页的形式生成发布。而且,接受调查也可直接通过浏览器填写问卷。这样做的优点在于免去传统方式下邮寄的时间、费用,提高有效问卷的比例,统计方便;免去很多人为的处理环节,比较容易获得真实的信息。

⑤观察法。观察法就是在深入评价的自然场景中去实际观察已发生和正在发生的事情,从而获取评价对象信息的方法。通过现场观察,可以使评价者了解学生学习所处的现实环境,使其获得第一手信息,消除头脑中的旧观念和旧看法;还可以发现一些平时没有注意到的问题。尽管通过网络进行的观察在技术上可以实现(如视频会议),但目前由于成本等方面的原因,观察法的远程实施相对比较困难,还只能由专人进行现场观察。

(3)评价所需学习信息的初步整理

利用上述信息收集技术获取的各类资料并不是都有用,有些隐含"水分",有些无法直接进行处理,因此,必须经过整理才能进入分析处理阶段。学习信息的整理是根据评价对象的本质特征,评价活动的目的、任务以及统计分析时所用统计方法的可能性,将所获得的信息进行分组归类。它是对评价信息进行归纳整理、简化概括的第一步,为进一步的分析打下基础。

一般来说,所收集的学习信息包括数据信息资料和质性资料。其中对评价数据主要利用统计表、统计图、频数分布表、累积频数分布表等工具进行初步整理。对于所收集的质性评价资料,则需要对其中遗漏的细节进行及时补充,对简化的内容进行扩展,对不全或错误的记录进行必要的补充或纠正。另外,当原始资料经过初步整理和编号后,需对所有资料进行备份。

3. 学习信息的判断和分析

评价判断、分析阶段是评价准备阶段和评价信息收集阶段的延续,这一阶段得出的结论是前面两个阶段工作成绩的反映。通过对学习信息细致、深入的分析还有可能揭示出蕴含在评价信息中的其他信息,从而使评价的作用真正得到发挥,对学习起到推动作用。

4.评价结果的形成与反馈

评价结果的形成与反馈是信息化教学评价活动的最后一个阶段,它的质量关系到评价作用能否充分发挥。因此,这也是一个重要的阶段。

(1)评价结果的形成

信息化教学评价是一个复杂的、多元性的评价,其所得的各初步评价结果往往不能全面反映被评价者的整体情况。只有在对各种初步的评价结果进行全面、细致分析的基础上形成最终的综合判断,才能对被评价者作出完整、全面的评价。

(2)评价结果的反馈

①教学反馈信息要及时。在信息化教学过程中,应及时地把评价意见反馈给学生。如果评价信息不能及时反馈,学生就无法准确获知自己的学习情况和存在的问题,不能从评价中得到有效的刺激并适当调整自己的学习进度和方法,评价的发展性功能也就得不到有效的发挥。

②评价反馈内容要全面。一次评价活动所蕴含的信息是非常丰富的,教师一定要深入评价过程中,全面挖掘评价信息,同时,也要到评价之外了解其他方面的情况,弥补评价信息的不足,矫正评价信息的误差,把准确而全面的信息反馈给学生,使学生从评价活动中真正受益。教师要从促进学生全面发展的角度来处理评价和反馈信息,为学生的发展提供明确的指导和帮助。

③反馈要与指导意见相结合。教学评价不是目的,它是为学生的发展服务的。在处理评价信息时,教师不仅要给学生指出学习中存在的问题,更要帮助学生发现造成问题的原因,不能只把评价结果交给学生。如发现学生的学习方法不恰当,教师则要为学生提供学习方法指导。

④要注意交互反馈的实施。信息化教学评价中,评价反馈不单指教师将评价结果信息反馈给学习者,还包括学生将自己的学习情况、对评价活动的意见和建议等向教师的反馈。因此,在评价过程中,应注重来自学生的反馈信息。

二、教学评价量规

（一）评价量规的内涵

量规作为一种学习评价工具，是用于评价、指导/管控和改善学习行为而设计的一套评价标准。它通常表现为二维表格的评分细则形式，并为学习过程、学习作品或其他学习成果（如一篇文章的观点组织、细节、表达等）列出具体的评价细则和标准要求，明确描述了每个准则从优到差不同水平的等级得分。从量规的功能形式使用方法等方面来综合理解，可以将学习评价量规界定为：根据教学目标要求从多个维度对评价标准和等级划分进行具体描述的说明性工具。

在信息化教学评价中，量规可广泛用来评价学生在学习过程中的认知过程、行为表现、问题解决能力、学生作品或学习成果以及情感态度和价值观等。其教学应用意义主要表现为三个方面。

（1）量规依据教学目标要求从多方面详细规定相应的学习评价指标，它基本定义了什么是高质量的学习，可以有效降低评价的主观性和随意性；教师依据它评定学生学习过程和结果，学生也可以参照量规开展学习自评或同伴互评。

（2）量规可以向学生清晰描述教师的期望，并能向学生说明怎样才能达到这些期望。当学生利用量规来评价自己的学习活动和作品时，他们会对自己的学习更具有责任感，有效地减少了学习的盲目性。

（3）量规运用可以大大提高评价效率，并使教师更容易向学生解释为什么获得某个等级分以及怎样做才能获得提高等。通过参照学习评价量规，学生也可以获得更多关于自我学习过程的反馈信息。

（二）评价量规的设计

随着信息化教学的发展，越来越多的教育工作者开始了解并熟悉评价量规，并已经开发了许多可供直接使用的量规资源，如《信息化教学评价——量规实用工具》一书中就提供了信息化教学评价的实用量规集锦。但为了更好地反映课程和教学的特点，教师仍需要经常自己设计学习评价量规。

1. 评价量规的设计原则

（1）一致性与科学性原则

量规要与教学目标或学习目标保持一致，而不应游离于目标之外。量规设计要讲究科学性，必须符合信息化教学的原则和理念，不能仅凭已有经验进行开发。

（2）系统性原则

量规体系应具有整体性、联系性和层次性，要能对评价对象进行全面的衡量。当评价对象处于更大的系统中时，应注意它与周围情境的纵横联系。

（3）开放性原则

信息化学习包含诸多因素，内容复杂，不可能用一成不变的量规体系来框定。因此，量规体系必须是开放性的，评价者在教学过程中不仅可以灵活使用，而且通过相互借鉴还可以使评价量规不断得到修正、充实和完善。

（4）独立性与实用性原则

各量规项之间并不兼容，每个量规指标都独立提供评价信息，不能有重叠关系。量规设计要切合实际，既要保证提供足够的评价信息，又要考虑人、物、财力、时间等应用条件。

2. 评价量规的设计步骤

（1）量规设计应遵循的步骤

为了使评价量规能更好地体现教学目标并发挥其评价作用，量规设计一般应遵循以下步骤。

①分解学习目标，初定量规框架。学习目标可以被分解为若干层次，每个层次又可分解为若干不同部分或组成要素，可以根据获得的若干末级指标设计初步的量规体系框架。

②指标归类合并，确定量规体系。末级指标之间可能会有一定的功能交叠，照此组成的量规体系也会出现内涵重复现象。因此，应对初定的量规框架进行加工整理并简化提炼，删减重复条目并归类合并，再确立出具体的量规体系结构层次和功能作用。

③具体描述指标，确定量规赋值。对各具体目标的评价量规进行描

述时,要根据目标要求写出期望达到的评语或要求,同时把量规分为若干等级,每个等级赋予权重分值,评价者根据学习期望或目标要求逐级进行学习评定。量规权重不仅表明了量规体系内各因素的相对重要程度,而且确定了各因素之间及量规和结果之间的关系,使评价结论能比较客观地反映被评价对象的全貌。

④试用并修订量规。通过学生自评、互评和教师应用来试用已经设计完成的量规,对量规体系或指标权重提出意见,以便对量规设计进行修订和完善。

(2)量规设计应注意的问题

设计良好的学习评价量规,除了要遵循量规设计原则和步骤外,还应注意以下问题。

①让学生参与量规的设计。量规设计过程中的一个重要方面,就是把量规制订作为学习过程的一部分,尽量让学习者参与量规的设计,并通过和学生讨论制订有关学习量规,有助于学习者把标准和量规内化,使学习者更清楚整个学习过程和所要达到的目标。

②要根据教学目标和学生水平来设计结构分量。教学目标不同,量规结构分量也应不同。如评价学生电子作品时,通常从作品选题、内容组织技术、资源利用等方面考虑,而在评价学生网络学习参与时,则要从在线时间、参与讨论情况、小组合作情况、作业完成情况等方面进行考虑。另外,学生水平也是决定量规结构的一个重要方面,不符合学生水平的结构分量在评价时往往是没有意义的。

③根据教学目标的侧重点确定各结构分量的权重。结构分量的权重设计与教学目标的侧重点有直接关系。对量规中各结构分量的权重进行合理设置,不但有助于教师进行有效的评价,还可以引导学生把握好学习方向。仍以电子作品为例,如果教学的主要目标是教会学生学习制作电子作品的有关技术,那么赋予技术,资源利用结构分量的权重要高些;如果主要目的是让学生通过电子作品展示自己对某一主题的观点,赋予选题、内容、组织等方面的权重则要高些。

④用具体的、可操作性的描述语言清楚地说明量规中的每一部分。在对量规进行解释时,应使用具体的、可操作性描述语言,而避免使用抽象的、概括性语言,同时还应避免使用不清楚或消极语言等。

（三）量规设计的权重确立

所谓权重,就是根据组成事物的要素在整体中的地位和作用不同而赋予的一定数值。设计评价量规时,只有客观、准确地认识各结构分量的价值及其在总体目标中的比重,使权重赋值大小与该分量的重要程度密切吻合,才能保证评价结论准确合理。通常情况下,权重应满足两个条件：一是取值为0~1;二是各结构分量权重之和为1。确定权重的方法有多种,如关键特征调查法、特尔斐法、专家会议法、层级分析法（AHP）、回归分析法等。其中,专家会议法和特尔斐法在量规权重设计中比较常用。

1.专家会议法

专家会议法即邀请一定数量的长期从事教育管理工作的干部、有经验的教师及有关领域的理论工作者共同讨论商定。此法的优点在于：①专家会议考虑的因素比每个成员考虑的因素全面;②有助于集思广益,互相启发,通过交换意见,思想碰撞,内外反馈,使结论更趋合理。但是,这种方法也有缺点,主要表现为易受心理因素的影响,比如,屈从于权威和多数人的意见,受劝说性意见影响等。

2.特尔斐法

特尔斐法因出自古希腊特尔斐地区的预言家而得名,它能够避免专家会议法的不足,以保证各种意见互不干扰。在现代教育评价中,特尔斐法实际上是为了取得对某一指标或某些指标重要性程度的一致认识,在编制教育评价体系时进行的一种专家意见征询法。这种方法主要通过分发问题表的方式,向专家匿名函询征求意见,然后由组织者进行汇总,并作为参考资料再分发给每位专家,供他们分析判断并提出新意见。经过几轮反复的匿名函询,专家意见渐趋一致,最后便可得出结论。

（四）评价量规参考案例

1.PowerPoint 演示文稿制作量规

学生们在学习幻灯片演示软件 PowerPoint 之前,需要掌握关于图形界面系统的相关技巧和概念,以便在这个学习单元中得以扩展,并可以以一种很有趣的方式得以应用。在学习使用 PowerPoint 的过程中,学生要根据选择的主题完成并演示一套幻灯片。通过将相关的图片加入幻灯片,学生可学习到如何将图像数字化及如何扫描图像,知道如何从网络上复制与主题相关的图片,学到如何注释与 www 有关的参考文献的引用。此外,还可以为幻灯片加入 CD 上的音乐片段或其他文件上获得的音频。表 10-2 为一演示文稿制作的量规。

表 10-2　演示文稿制作的量规

要求	评分依据	熟练 / 完成程度				
至少6张幻灯片	至少有6张幻灯片具有合适的背景、前景颜色,附有页眉页脚	优 4	良 3	中 2	差 1	未完成 0
大纲	通过将主要观点设置成大纲而使设计思路得以发展	优 4	良 3	中 2	差 1	未完成 0
语法、拼写和结构	整套幻灯片表现出正确的语法、拼写、大小写使用	优 4	良 3	中 2	差 1	未完成 0
使用扫描仪	至少有1张图片是通过扫描仪扫描得到,并经正确的调整与剪裁引入幻灯片中	优 4	良 3	中 2	差 1	未完成 0
使用数字图片	至少有1张图片是通过数码相机得到,并通过绘图软件编辑后经过正确的调整与剪裁引入幻灯片中	优 4	良 3	中 2	差 1	未完成 0
音效	音效引入恰到好处,不会影响人们对幻灯片内容的关注	优 4	良 3	中 2	差 1	未完成 0
动画及幻灯片之间的转接效果	动画及幻灯片之间的转接起到增加生动性,引起兴趣的作用,但不能让人目不暇接	优 4	良 3	中 2	差 1	未完成 0
备注页	至少制作两个备注页并打印出来	优 4	良 3	中 2	差 1	未完成 0
创造性	整套幻灯片的设计富于创意,使用多样音频与视频图像来增加幻灯片的趣味性	优 4	良 3	中 2	差 1	未完成 0

(资料来源:陈光海,汪应,杨雪平,2018)

第十章 信息化时代大学英语自主学习能力培养与评价研究

2. 案例教学评价量规

在案例教学评价中,通常可以从如何选择恰当的案例、教师如何指导案例教学,以及学生的学习参与3个方面来进行评价,见表10-3。

表10-3 案例教学的评价量规表

评价项目	参考标准
案例选择	(1) 案例是真实的 (2) 事件具有一定的复杂性 (3) 能引发学习者展开讨论 (4) 案例必须是开放式的,答案是多元的
教师指导	(1) 将教学置于案例中 (2) 组织与引导学习者的学习与讨论 (3) 示范专业的思维与行动方式 (4) 提供指导与反馈 (5) 创建协作性学习环境
学生参与	(1) 能对案例作出有意义的分析 (2) 能积极参与课堂讨论 (3) 能把前面学到的有关知识和正在学习的案例整合起来

(资料来源:陈光海,汪应,杨雪平,2018)

3. 基于问题学习的评价量规

评价是对整个PBL学习模式实施过程和学习效果的整体检视。从评价内容来看,应主要对能力提高、合作情况、学习态度和最终作品等方面进行评价,具体评价指标体系见表10-4。

表10-4 基于问题学习评价指标体系

一级指标	二级指标	三级指标
能力提高 (50%)	信息收集	紧扣主题从多种渠道收集信息并正确标明出处
	分析能力	独立分析信息并得出合理结论
	创新能力	灵活处理学习中的问题,对问题提出多种答案,问题解决方案有创意
	解决问题能力	有效地解决问题,并设计出行之有效的解决方案
	自主学习能力	独立完成所承担的任务,独立查找、分析信息,设计问题解决方案

续表

一级指标	二级指标	三级指标
能力提高（50%）	决策能力	对学习过程中遇到的问题作出及时判断分析，并提供有效的解决办法
	合作能力	有效分享，相互提供有效协助，通过多种方式与他人合作
合作情况（30%）	任何完成情况	完成所承担角色应完成的任务，并给他人提供建议
	配合	合作默契，与别人共同商讨，寻找解决方案，并积极听取他人建议
	交流	通过多种途径，积极、主动地与人交流，交换与主题相关的资源、信息
	任务分工	按照学生兴趣、能力进行合理、明确的分工
学习态度（10%）	参与	主动积极参与，符合各阶段进度及要求，认真解决学习中遇到的困难
	准备情况	准备好学习所需的材料、工具，并积极准备小组成果的各种证明材料
	出勤	准时参加各种讨论/交流活动
最终作品（10%）	口头报告	组织准备充分，条理清晰，研究有深度，结果准确，论据充分，观点新颖
	书面报告	观点新颖，包含研究细节，结论符合逻辑，报告有图片、表格等辅以说明，行文流畅
	作品形式	形式美观、内容丰富、有新意，使用综合媒体，以多种方式展示自己的发现和智能

（资料来源：陈光海，汪应，杨雪平，2018）

4. 基于资源学习的评价量规

评价以目标为指向，基于资源的学习目标包括两大部分，评价也同样包括两个部分，即对课程目标达成状况的评价和对信息素养目标达成状况的评价。对信息素养目标达成状况的评价分为研究问题表述评价、支持资源的提供评价和信息收集的方法评价3个方面，见表10-5。

第十章 信息化时代大学英语自主学习能力培养与评价研究

表 10-5 基于资源学习的评价量规

分类	评分	评价指标
研究问题表述	0	没有对问题加以表述或表述的问题不适合进行系统研究
	1	表述不清晰,或虽然表述较确切但问题过于宽泛
	2	表述清晰、确切,并且关注的是一个可以回答的问题,而非宽泛的主题
	3	提出了与中心问题相关的其他问题
	4	讨论与建构对相关信息资源的理解,如统计资料、官方文件、学术期刊论文、图书报告、评论和报纸等
支持资源提供	0	没提供引用资源
	1	提供了资源,但与研究问题不相关
	2	提供了有限的资源,但与研究问题只有一点关联
	3	提供了有限的恰当的资源,与研究问题相关
	4	提供了足够的恰当的资源,与研究问题相关
	5	确切地引用了资源,并运用资源提出了与研究问题相关的证据
	6	参考了各种类型的资源,如统计数据、报纸论文和文件等
信息收集方法	0	没提供方法
	1	对运用恰当的信息工具去访问资源进行了描述
	2	用附页陈述数据库检索中找到的重要观点与相关词汇
	3	附上在不同数据库检索中运用不同检索策略的例子
	4	附上关于改进检索策略以得到更多相关结果的讨论
	5	简要描述对一个具体的数据库进行有效检索的原则
	6	确定评价资源可靠性的标准
	7	提供对研究中信息收集过程所作的反思

(资料来源:陈光海,汪应,杨雪平,2018)

5.研究性学习过程评价量规

研究性学习的整个过程为:提出研究问题—提出假设—收集资料—分析处理信息—得出结论—展示主题等,评价可以分成对整个研究过程的评价和对其中某一项内容的评价两种方式。表 10-6 适用于评价学生的研究性学习过程。

表10-6 研究性学习过程评价量规

评价的准则	3	2	1	得分
提出问题	教师给出主题,学生自己确定问题	教师给出主题,学生在教师的引导下提出问题	教师给出问题	
推理假设	学生利用已有的知识、技能和经验自己独立完成推理、假设	在完成推理、假设的过程中,教师只需要提供极少的帮助	学生在教师的引导下完成推理假设	
信息收集	从多种电子和非电子的渠道收集信息,并正确地标明了出处	从多种电子和非电子的渠道收集信息	仅从极少数的电子和非电子渠道收集信息	
分析处理信息	学生独立分析信息,得出结论	在教师的引导下分析信息,得出自己的结论	完全引用所收集到的信息	
小组合作（内部）	每个小组成员都积极参与小组活动	部分小组成员参与小组活动	仅有极少数小组成员参与小组活动	
小组合作（外部）	不同小组之间互相交流情报、心得,或在活动中相互帮助	不同小组之间交流不多	不同小组之间几乎没有交流	
成果展示	能综合使用多种形式展示自己的成果	能综合使用几种形式展示自己的成果	仅使用有限媒体展示自己的发现	

（资料来源：陈光海,汪应,杨雪平,2018）

6."Intel未来教育"单元作品评价量规

在"Intel未来教育"的教学设计过程中,教师应根据单元计划项目评价量规从技术整合、学生学习、单元实施、学生评价等方面对自己所设计的单元计划项目进行评价,若有问题,应进行必要的修正,见表10-7。

第十章 信息化时代大学英语自主学习能力培养与评价研究

表 10-7　单元作品评价量规

项目	优	良	差
技术整合	①拟采取的技术方法能吸引学生注意力，符合学生的年龄特点，有利于学生学习，能促进高级思维技巧的培养 ②技术是单元计划成功不可或缺的因素 ③学生范例明显体现了技术运用和学生学习之间的联系 ④把计算机当作探究工具、发布工具和交流工具来使用，技术方法确实增强了单元计划	①拟采取的技术方法能吸引学生注意力，符合学生的年龄特点，但是对于如何增进学生的学习不是很清楚 ②技术是重要的，但对本单元来说并非不可或缺 ③学生范例的技术运用与学生学习之间有一定联系 ④在一定程度上把计算机当作探究工具、发布工具和交流工具来使用	①拟采取的技术方法不能吸引学生注意力，不符合学生的年龄特点，不能增进学生的学习 ②技术的重要性对本单元学习项目的作用不明显 ③学生范例不能表现技术运用与学生学习之间的联系 ④单元计划未能利用计算机的研究、发布和交流功能
学生学习	①单元计划要求学生解释评价、推理或综合信息 ②学习目标明确，条理清晰，而且以基本问题和单元问题为支持 ③学生范例讨论单元问题的方式有新意 ④所有学习目标都与学科课程标准或教学大纲有明显关联 ⑤单元计划有精心设计的，适应不同学习者的调整措施	①单元计划要求学生分析和应用信息解决问题或做出结论 ②较好地定义了学习目标，基本问题和单元问题的支持程度一般 ③学生范例讨论单元问题的方式比较普通 ④部分学习目标与课程标准或教学大纲有关联 ⑤单元计划提供了较少的适应不同学习者的调整措施	①单元计划仅要求学生定义、鉴别、描述或概述，很少用到高级思维 ②学习目标模糊，基本问题和单元问题的支持不明显 ③学生范例讨论单元问题的方式缺乏新意 ④学习目标与课程标准或教学大纲几乎无关联 ⑤单元计划无法适应不同学习者
单元实施	①单元计划提供了精心设计的范例和实施指南 ②单元计划容易修改，能够在各类教室中实施	①单元计划具有示范意义，但实施指南欠完整 ②单元计划或许可以在其他教室实施	①单元计划模型和实施指南均欠示范意义 ②单元计划只能在教师本人的教室中实施

续表

项目	优	良	差
学生评价	①单元计划包括了真实评估和评价手段 ②学习目标和学习评估之间有明显关联 ③评价工具包含切合主题的具体指标,对学生明显具有支架作用	①包括用于大多数学习目标的评价手段 ②学习目标和学习评估之间有所关联 ③评价工具包含了切合主题的具体指标,但对学生作用不明显	①不包括用于学习目标评价的手段或手段与目标不相匹配 ②学习目标和学习评估的关系不明 ③评价工具仅包括一些宽泛的标准

(资料来源:陈光海,汪应,杨雪平,2018)

第三节 信息化时代大学英语自主学习能力评价的机制

一、形成性评价与自主学习

(一)形成性评价的含义

美国芝加哥大学哲学家斯克里芬在1967年论及课程改革时第一次提出了"形成性评价"这个术语,他将合理的课程评价归结为形成性评价和终结性评价两种。在他看来,形成性评价是指在整个课程开展的过程中进行的各种评价总和。其特点在于过程性强,倾向于通过对于教学过程的观察去找到解决教学问题的策略,并且在此基础上及时调整教学方案,以达到较好的教学效果,提升学生的学习效率。可以说,形成性评价是指贯穿于课程各个阶段或整个过程的评价,注重对学生的学习过程进行评价,对于学习状态的监控以及学习情况的及时反馈都将成为调整教学方案的重要依据。因此,在形成性评价的过程中,即在学生学习知识、学习技能及态度形成的过程中监控学生知识和技能的获得,并向师生提供学习状态和进程的反馈信息,从而调节教与学的活动。

(二)自主学习的含义

自主学习理论是从西方教育哲学中延伸出来的理论,其理论依据是

第十章　信息化时代大学英语自主学习能力培养与评价研究

建构主义。不难发现,建构主义理论的核心是:以学生为中心,学生始终处于主动探索、思考以及建构意义的认知主体位置,强调学生对知识的主动探索、主动发现和对所学知识意义的主动建构。自从 Holec 率先提出了"自主学习"这一学习理论,很多领域的专家和学者都尝试着从不同的角度去界定自主学习,探讨其理论背景,并针对在实际教学中如何促进学生的自主学习能力提出建议,从而使自主学习的理论体系不断完善。比如,语言学家李特尔伍德认为,所谓自主学习,就是指学生在学习过程中自我调控的能力,他从应用语言学的角度将自主学习划分为原自主学习和反应性自主学习两类。前者关注的是学习者对确立的学习目标和方向的调整和改善,而后者强调的是学习者为实现自己的学习目标对所采用的一系列自主学习策略进行调控。

(三)形成性评价与学生自主学习能力之间的关系

之所以提出要将形成性评价运用到学生自主学习能力培养方面,是有其深刻的相关原因的。首先,形成性评价突出了学生的主体地位,使其成为评价的主体和参与者,对于激发学生的学习主动性有着突出效果,这是高校开展大学英语教学课堂的前提和基础。其次,形成性评价能够最大化地满足学生自主学习的需求,使其成为学习过程的主人,这是改变以往大学英语教学一言堂局面的重要手段。最后,形成性评价能够营造自主学习的良好氛围,这对于激发学生自主学习意识、培养学生自主学习能力有着很大的帮助。

二、大学英语教学中建立动态评估的必要性

在基础教育阶段,由于师生面临较大的应试压力,不少教师往往采取自始至终一人唱独角戏的传统教学模式,教师或教材往往是学生学习信息的主要来源,学生处在被动学习的地位。高等教育阶段,在很多学生看来,大学英语学习的目标就是通过全国大学英语四、六级考试获取证书。但问题是,在这种学习动机的驱使下,虽然学生能够学会一些重要的语言特征,但其英语语言的理解与表达能力却不能得到很好的提高。此外,由于大学英语教学中大班教学形式的普遍存在和英语课时数逐渐减少等诸多原因,长期以来我国大学英语教学中以教师为中心组织

教学以及学生在课堂中被动地接受知识、缺乏自主性学习等现象比比皆是。为此,教师应注重对学生的学习过程指导,而开展形成性评价的目的就是促使学生重视语言知识和技能的平时积累,从而正确引导学生通过恰当的途径达到学习目标。

随着计算机的普及和网络技术在教育领域的广泛使用,使大学生英语自学资源得以充实,这为学习者开展自主学习提供了有利的物质条件,也对学习者的自主学习能力提出了新的挑战。同时,《大学英语课程教学要求(试行)》中也明确提出了学生自主学习能力培养的目标:教师不但要懂得如何向学生传输知识,更应该懂得如何教他们自主学习。不可否认,在这样的情况下,就需要以健全的课程评价体系去保证教学过程的开展。因为新形势下学生的自主学习需要一个新的课程评价体系来保障学习过程的科学性和实用性,而形成性评价体系的构建,有利于帮助学生准确到位地了解学习目标以及学生目前的知识储备、学习能力与学习目标之间的差距,还有研究表明,高质量的形成性评价有利于学生学习能力的提高,对学习成绩不好的学生帮助更为明显。

三、运用形成性评价促进学生自主学习能力的实现途径

将形成性评价运用到学生自主学习能力提升方面,不是一朝一夕能够实现的。综合教师资源、教学资源和教育制度资源等诸多方面去促进两者的融合,是很有必要的。具体来讲,可以从以下几个方面入手。

(一)立足英语教学学情,构建形成性评价体系

无论是大学英语课程的形成性评价形式,还是评价体系的组织结构,都需要以本校大学英语教学的基本情况为基础。具体来讲,构建形成性评价体系可以从如下角度入手。

其一,全面开展大学英语课程学情调查活动,明确符合实际的形成性评价形式。诸如学生课堂表现评价、师生互动评价、学生参与英语实践评价和学生阶段性测试评价等几个方面的构建,不仅仅是构建学生学习平台的主要阵地,也是实现学生自主学习能力培养的基础环境。

第十章　信息化时代大学英语自主学习能力培养与评价研究

其二,明确学生不同项目中能力评价指标体系。项目不同,学生在参与过程中所表现以及形成的能力必然是不同的,所以,针对不同的项目,有必要建立不同的能力指标评价体系,如此在评价过程中更有针对性,也可以更加准确地把握学生的能力水平,从而有助于进一步提升教学效果。

(二)坚持实事求是原则,实施形成性评价

英语教学存在层次性的特点,也就是说,学生的英语学习能力有强有弱,分化现象严重。针对这种情况,在实施形成性评价的时候,需要注意以下几方面的工作。

其一,坚持分级原则,可大致依据学生的英语高考成绩和实际情况将其分为快班和慢班,并对于这两个性质班级的教材、测试内容、授课方式和培养目标等内容进行明确划分,以保证不同层次的学生可以在自己接受能力范围内开展英语学习。另外,以学期为界限组织开展形成性评价和终结性评价,由此去界定学生能否上升到快班或者下降到慢班,对于在大学期间大学英语评估一直处于低水平的,应该予以一定的处理。

其二,合理设计形成性评价和终结性评价体系,应包含有学生自我评价和教师的评价两个方面,以多样化的方式开展对学生整个学习过程的评价,以保证这两种评价的客观性和科学性。

其三,界定形成性评价和终结性评价的范围和内容。具体来讲,大学英语课程理应由形成性评价和终结性评价两个部分组成,而且形成性评价在整个评价体系中应占一定比重。例如,对于形成性评价来讲,网络自主学习及作业评价占据10个百分点,口语能力评价(包括对学生平时学习的考察以及期末时以小组讨论主题情景为主、教师提问为辅的口语考试)占据10个百分点,学生平时的综合表现(包括出勤、作业、小组活动、课堂表现等)占据20个百分点;对于终结性评价来讲,期末考试中主观题占据25~35个百分点,客观题占据65~75个百分点。当然,上述各项分值的限定,不一定是形成性评价体系的固定模式,在界定各个项目比重的时候,应该结合各校大学生培养目标、课程要求以及学生学习情况来进行综合评定。

(三)注重理论学习,不断调整完善评价体系

在将形成性评价融入学生自主学习能力提升过程中,如果教师对于形成性评价和自主学习的基本理论都不了解,势必难以将形成性评价体系运用到教学中去,并使得教学质量难以得到有效的提升。对此还应积极做好以下几方面的工作:其一,积极组织教师认真学习专业化的全面的形成性评价和自主学习等理论知识,使其意识到形成性评价所起到的积极作用,从而营造良好的学术氛围。其二,鼓励教师积极研究形成性评价与自主学习能力之间的关系,广泛借鉴西方教育领域的经验和教训,并将其积极运用到实际教学中去,以实现实践经验的不断积累。其三,坚持做到与时俱进,对于学校的形成性评价政策要坚决执行下去,以发挥形成性评价在学生自主学习能力促进方面的效能。

四、移动技术支持下大学生英语自主学习能力的形成性评价作用机制研究

(一)融入自主学习意识的培养

大学生在英语自主学习过程中,需要结合自身的实际情况来对学习目标进行确定,并制订出相应的学习计划,明确自己在自主学习中需要采取的学习方式,并对自己的学习情况进行监控,使自己能够灵活运用和发展自身的学习技能。在移动技术支持下,大学英语教学能够利用移动学习平台来培养大学生的英语自主学习能力,这也为大学英语教学模式的改革创造了有利条件。

高校在构建大学生英语自主学习能力的形成性评价作用机制时,应从三个方面入手。

一方面,教师需要利用移动学习平台来对相应的研讨小组进行设置,然后组织班级中志同道合的大学生共同加入小组研讨当中,教师需要将音频、视频、图书等英语学习资料上传至研讨小组中,并鼓励学生对这些优质的学习资源进行分享,同时引导学生对英语学习中的相关话题进行讨论。另一方面,教师需要对自身的教学角色进行正确定位,在教学过程中不仅要起到教的作用,更重要的是发挥自身的引导作用,使学生在学习英语过程中能够有更多的精力和时间来进行教学

第十章 信息化时代大学英语自主学习能力培养与评价研究

研究。在形成性评价机制中,教师应充分考虑不同大学生之间的个体差异,引导和帮助大学生在英语自主学习过程中能够建立与自身相符的学习目标及计划,使学生的自主学习意识得到有效的培养,进而使自主学习意识培养能够有效融入形成性评价作用机制当中。最后,在形成性评价作用机制中,还要对现有的教学方法进行优化,将移动学习平台中广泛分布的教学资源进行整合,而教师则需对自身的教学角色进行转变,通过多种措施,使学生在利用移动设备进行学习时能够充分感受到自主学习所带来的乐趣,进而使其在自主学习中能够更加积极主动。

(二)营造良好的交互学习环境

在移动技术的支持下,高校在构建大学生英语自主学习能力的形成性评价作用机制时,还要努力营造良好的交互学习环境,借助于移动互联网的强大优势,对英语学习资源进行高度整合,使大学生在自主学习时能够不受时间与空间限制进行听、说、读、写、译,在移动学习平台中,可为学生在自主学习英语过程中提供海量的学习资源,此外学生还可通过移动学习平台来搜索自己所需的学习资源,进而使学习资源得到全面共享。移动学习平台还支持学生在自主学习中进行小组学习与合作学习,教师可组织学生建立对应的学习小组,并结合学生的学习情况来安排阶段性的学习任务,使学生在小组中能够获得其他成员所共享的学习资料,并进行小组讨论,通过共同协作的学习方式来使学习目标得以有效达成。

(三)改变评价方法与内容

移动技术支持背景下,大学生英语自主学习能力形成性评价作用机制的构建,需要明确科学的评价方法及测评内容。在形成性评价作用机制中,不应仅仅采用终结性评价,还要确保终结性评价能够与过程性评价进行有机结合,这样才能使形成性评价更具针对性。高校应采用多种评价方式,并将学生在英语自主学习中的学习进度、发言讨论、单元检测成绩、作业提交情况、时间长度等作为形成性评价的测评内容,在评价过程中需要侧重于学生自主学习过程的客观性评价,同时还要丰富评价主体,确立学习评价目的,将学生在自主学习中的能力培养作为评价目标。在评价学生的英语自主学习能力时,还要根据学生的自主学习情况,对其能力变化予以高度关注。最后,教师评价只是教学评价中的一部分,除了教师评价以外,还要通过学生自评、小组成员互评等方式,来确保教学评价成果的客观性,使教学评价成果客观、真实地反映出教学过程,从而使学生的自主学习能力得到进一步培养。

参考文献

[1] 边明伟.基于"互联网+"的混合教学实践与探索[M].成都:西南交通大学出版社,2018.

[2] 蔡先金等.大数据时代的大学:e课程e教学e管理[M].济南:山东人民出版社,2015.

[3] 陈光海,汪应,杨雪平.信息化教学理论、方法与途径[M].重庆:重庆大学出版社,2018.

[4] 陈莉.英语教学与互联网技术[M].北京:光明日报出版社,2017.

[5] 陈品.大学英语教学理论与实践[M].天津:南开大学出版社,2013.

[6] 陈燕.大学英语教师专业发展新视角[M].北京:中国政法大学出版社,2014.

[7] 陈阳芳.中国大学生英语口语自主学习动机培养研究[M].上海:上海交通大学出版社,2019.

[8] 程慧.教师的互联网素养[M].福州:福建教育出版社,2016.

[9] 都建颖.第二语言习得理论入门[M].武汉:华中科技大学出版社,2013.

[10] 范春林.课堂环境与自主学习[M].北京:国家行政学院出版社,2013.

[11] 高泽涵等."互联网+"基础与应用[M].西安:西安电子科技大学出版社,2018.

[12] 龚芸.高职学生学习倦怠问题研究[M].北京:北京理工大学出版社,2015.

[13] 何广铿.英语教学法教程:理论与实践[M].广州:暨南大学

出版社,2011.

[14] 何少庆.英语教学策略理论与实践应用 [M].杭州:浙江大学出版社,2010.

[15] 黄荣怀.移动学习——理论·现状·趋势 [M] 北京:科学出版社,2008.

[16] 蒋景东,金晶.高职学生英语学习阻碍机制应对策略"协同"研究 [M].杭州:浙江大学出版社,2016.

[17] 焦建利,王萍.慕课:互联网+教育时代的学习革命 [M].北京:机械工业出版社,2015.

[18] 靳玉乐.自主学习 [M].成都:四川教育出版社,2005.

[19] 柯江林等.大学生心理资本研究 [M].北京:知识产权出版社,2015.

[20] 李凤来,鲁士发.移动互联技术在教学中的应用 [M].天津:南开大学出版社,2017.

[21] 李宪美.大学生外语学习焦虑研究 [M].合肥:合肥工业大学出版社,2014.

[22] 李永鑫.工作倦怠的心理学研究 [M].北京:中国社会科学出版社,2008.

[23] 李友良.英语学习策略与自主学习 [M].上海:上海交通大学出版社,2011.

[24] 李雁冰.课程评价论 [M].上海:上海教育出版社,2002.

[25] 刘聪慧.大学生英语学习焦虑研究 [M].青岛:中国海洋大学出版社,2008.

[26] 鲁子问.英语教学论(第2版)[M].上海:华东师范大学出版社,2010.

[27] 罗少茜.英语课堂教学形成性评价研究 [M].北京:外语教学与研究出版社,2003.

[28] 孟丽华,武书敬.网络环境下大学英语教师专业素质发展研究 [M].北京:外语教学与研究出版社,2015.

[29] 庞维国.自主学习——学与教的原理和策略 [M].上海:华东师范大学出版社,2003.

[30] 裴娣娜.现代教学论基础 [M].北京:人民教育出版社,2012.

[31] 史利红.大学英语教学中学习拖延问题研究[M].北京:北京理工大学出版社,2019.

[32] 汪榕培.英语词汇学高级教程[M].上海:上海外语教育出版社,2002.

[33] 汪应,陈光海,韩晋川.高校教师信息化教学能力构成研究[M].重庆:重庆大学出版社,2018.

[34] 王笃勤.英语阅读教学[M].北京:外语教学与研究出版社,2012.

[35] 王芬.高职高专英语词汇教学研究[M].上海:上海交通大学出版社,2012.

[36] 王鹤.教育信息化背景下的大学英语自主学习探索[M].北京:经济管理出版社,2016.

[37] 王丽.积极心理教育:培育学生心理资本[M].成都:西南交通大学出版社,2015.

[38] 王琦.信息技术环境下的外语教学研究[M].北京:中国社会科学出版社,2006.

[39] 王志敏.外语学习动机激发策略的理论与实证研究[M].北京:光明日报出版社,2015.

[40] 文卫平,朱玉明.外语学习情感障碍研究[M].西安:西北大学出版社,1998.

[41] 徐义云.大学英语写作教程[M].北京:清华大学出版社,2012.

[42] 许智坚.计算机辅助英语教学[M].厦门:厦门大学出版社,2015.

[43] 严明.大学英语自主学习能力培养模式研究[M].哈尔滨:黑龙江大学出版社,2009.

[44] 杨剑飞."互联网+教育"新学习革命[M].北京:知识产权出版社,2016.

[45] 杨涛.外语学习倦怠与动机关系研究[M].北京:科学出版社,2015.

[46] 杨晓叶,袁铁彪,袁清.应用型大学基于"慕课"和"微课"教学方式的研究[M].天津:天津大学出版社,2019.

[47] 于永昌,刘宇,王冠乔.大数据时代的教育[M].北京:北京师范大学出版社,2015.

[48] 张红玲等.网络外语教学理论与设计[M].上海:上海外语教育出版社,2010.

[49] 张君棠.大学英语阅读教学理论与实践[M].北京:冶金工业出版社,2014.

[50] 张鑫.英语教学的理论与实践[M].北京:知识产权出版社,2012.

[51] 郑茗元,汪莹.网络环境与大学英语课程的整合化教学模式概论[M].北京:中国水利水电出版社,2015.

[52] 周文娟.大数据时代外语教育理念与方法的探索与发现[M].上海:上海交通大学出版社,2014.

[53] 鲍明捷.基于网络平台构建大学英语自主式学习的教学模式[J].华中农业大学学报(社会科学版),2008(1):106-109.

[54] 曹惠,厉建娟.大学英语课堂学生生态因子研究:社会文化视角[J].成都师范学院学报,2018,34(5):9-13.

[55] 丁敏.现代信息技术环境中开展英语自主学习需注意的问题[J].教学与管理,2009(6):124-125.

[56] 杜小红.多媒体网络环境下大学英语语法自主学习能力的构建[J].长春理工大学学报(社会科学版),2011,24(1):108-109.

[57] 范敏.网络环境下大学英语自主学习的教与学[J].中国成人教育,2008(18):190-191.

[58] 高玲.信息技术环境下英语自主学习模式研究[J].中国电化教育,2006(6):59-61.

[59] 高欢.自主学习模式下微课在高校教学中的实践研究[D].石家庄:河北师范大学,2019.

[60] 耿直.高校大学英语自主学习教学模式的探讨[J].继续教育研究,2008(6):104-106.

[61] 胡蔺.教育信息化背景下大学生英语教育教学现状与未来[J].食品研究与开发,2021,42(19):242-243.

[62] 黄志成.布鲁姆对影响学习的变量的系统研究综述[J].外国教育资料,1990(4):31-39.

[63] 兰宁鸽,王晓军.基于网络的大学英语教学模式实效研究[J].图书馆理论与实践,2007(6):56-57.

[64] 李丹.信息化背景下高校学生英语自主学习能力培养[J].海外英语,2021(18):143-144.

[65] 李姣.基于高职学生学习周记的英语自主学习动态研究[J].文化创新比较研究,2021,5(23):58-61.

[66] 李敏.混合式教学模式下"建构"高职英语自主学习翻转课堂的尝试[J].校园英语,2021(38):62-63.

[67] 刘梦雪.通过自我评估训练促进自主式英语学习的实证研究[J].疯狂英语(教师版),2009(4):54-57.

[68] 刘妮.普通高校大学生英语学习焦虑研究[D].西安:西安外国语大学,2011.

[69] 刘萍."三位一体"教学模式下网络自主学习能力培养的有效性研究[J].电化教育研究,2013,34(8):42-46.

[70] 罗霞."班主任引导策略"对民办高校学生英语自主学习能力提升探究——以武昌工学院英语专业为例[J].海外英语,2021(18):1-2+5.

[71] 孟菲,兰玉玲."互联网+"应用型本科院校大学英语自主学习研究——以茶文化为例[J].福建茶叶,2021,43(9):123-124.

[72] 孟银连.高中英语阅读教学中文化知识教学调查研究[D].重庆:重庆师范大学,2018.

[73] 潘华方.形成性评价对大学英语自主学习能力影响的研究[J].海外英语,2021(15):142-143.

[74] 潘琼.博客在高校英语教学中的应用[J].高教探索,2017(S1):62-63.

[75] 曲燕.现代信息技术视野下的大学英语教学改革[J].黑龙江高教研究,2007(8):163-164.

[76] 石媛."雨课堂"对提高大学生英语自主学习能力的有效性研究[J].晋中学院学报,2021,38(5):99-103.

[77] 司显柱.基于建构主义视域的大学英语教学模式创新——以北京交通大学交互式大学英语教学模式为例[J].外国语文,2010(6):123-126.

[78] 孙海强.教育信息化背景下大学英语自主学习能力的培养——评《教育信息化背景下的大学英语自主学习探索》[J].新闻爱好者,2019(12):112-113.

[79] 汪小亚,赵洋.网络教学实验前后大学英语自主学习情况的调查和比较分析[J].外语界,2006(S1):26-30+41.

[80] 王厉.网络时代大学英语自主学习教学理念与对策——评《网络时代大学英语自主学习探究》[J].新闻爱好者,2020(1):97-98.

[81] 王芹.新媒体时代大学英语自主学习环境的构建研究[J].成都中医药大学学报(教育科学版),2021,23(3):74-77.

[82] 王庆,唐虹.信息化环境中大学英语教学改革的思考[J].广西民族学院学报(哲学社会科学版),2005(S1):203-205.

[83] 武金凤,张敬华.信息技术环境下大学英语课堂自主学习模式的研究[J].湖南社会科学,2014(S1):259-261.

[84] 夏颖.基于多模态话语分析理论的大学生自主学习模式研究——以大学英语课程为例[J].黑龙江高教研究,2016(9):138-141.

[85] 杨庆云.基于网络的大学英语自主学习与元认知能力构建[J].北京邮电大学学报(社会科学版),2009(3):83-88.

[86] 战德臣等.深度理解高校慕课指南,建好线上线下混合课程[J].计算机教育,2021(10):1-6.

[87] 战德臣.一种确保高校教学质量的新模式——同步异步混合式教学[J].计算机教育,2020(7):3-10.

[88] 张淳.论大学英语自主学习中心人文氛围的创建[J].中国外语,2008(6):79-83.

[89] 张力."线上教学"背景下项目教学法在大学英语自主学习中的实践研究[J].吉林省教育学院学报,2021,37(9):123-126.

[90] 张晓玲,陈剑清.疫情背景下的信息化教学对英语学习者自主学习能力的影响[J].科教导刊,2021(26):142-144.

[91] 张燕.应用型本科院校网上授课模式下提升英语自主学习能力的教学设计与实践[J].华东纸业,2021,51(6):56-58.

[92] 赵觅."互联网+"时代大学英语翻译与信息化教学创新——评《教育信息化背景下的大学英语自主学习探索》[J].科技管理研究,2020,40(18):271.

[93] 赵喜纯,谢志贤.听障生大学英语自主学习探究 [J].长春大学学报,2021,31（11）:101-104.

[94] 郑岚.信息化时代大学生英语自主学习能力培养策略研究 [J].黑龙江教育学院学报,2017,36（2）:127-129.

[95] 曾春花.网络多媒体辅助下的英语语法教学探究 [J].福建广播电视大学学报,2015（4）:45-47.

[96] 郑荣川.信息技术课程教学模式的创新探究 [J].成才之路,2021（35）:107-109.

[97] 朱政贤,穆惠峰.基于信息技术的大学英语协同式教学 [J].外语电化教学,2012（2）:56-60.

[98] 庄苏.多元智能理论指导下的大学英语自主学习策略探讨 [J].校园英语,2021（32）:57-58.

[99]Tuckman, B.. *Evaluating Instructional Programs*[M]. Boston: Allyn & Bacon Inc.,1979.

[100]Borg, S. & Burns, A.. Integrating Grammar in Adult TESOL Classrooms[J]. *Applied Linguistics*,2008（3）:456-482.

[101]Harmer, J.. *The Practice of English Language Teaching*[M]. London: Longman,1983.

[102]Montgomery, K.. *Authentic Assessment: A Guide for Elementary Teachers*[M]. Beijing: China Light Industry Press,2004.

[103]Larsen-Freeman, D.. *Teaching Language: From Grammar to Grammaring*[M]. Beijing: Foreign Language Teaching and Research Press,2005.

[104]Coady, J.& Huckin, T.. *Second Language Vocabulary Acquisition*[M]. Cambridge: Cambridge University Press,1997.

[105]Littlewood, William. "Autonomy": An Autonomy and a Framework [J]. *System*, 1996（4）: 427-435.

[106]Nunan, David. Designing and Adapting Materials to Encourage Learner Autonomy[A]. *Autonomy and Independence in Language Learning*[C]. Benson, Phil and Voller, Peter（ed.）. London: Longman,1997:192-203.

[107]Richards, J. C. & Schmidt, R.. *Longman Dictionary of*

Language Teaching and Applied Linguistics[M]. London, UK: Longman, 2002.

[108]Rubin, J.. An Overview to "A Guide for the Teaching of Second Language Listening" [A]. *A Guide for the Teaching of Second Language Listening*[C]. D. Mendelsohn & J. Rubin. San Diego, CA: Dominie Press, 1995: 7.

[109]Ur, P.. *Grammar Practice Activities: A Practical Guide for Teachers*[M]. Beijing: Foreign Language Teaching and Research Press, 2009.